Receita de diamante

HISTÓRIAS E RECEITAS DO CHEF
João Diamante

Receita de diamante

HISTÓRIAS E RECEITAS DO CHEF
João Diamante

Simone Mota
AUTORA DA BIOGRAFIA

João Diamante
AUTOR DAS RECEITAS

Todos os direitos desta edição reservados à Malê Editora
Direção: Francisco Jorge & Vagner Amaro

Edição: Francisco Jorge
Concepção do projeto: Simone Mota
Biografia: Simone Mota
Receitas: Chef João Diamante
Foto da capa: Júlia Aldenucci

Capa e projeto gráfico: BR75 | Raquel Soares
Diagramação: BR75 | Danielle Fróes
Preparação: BR75
Revisão: BR75 | Aline Canejo

Texto revisado segundo o novo Acordo Ortográfico da Língua Portuguesa.
Proibida a reprodução, no todo, ou em parte, através de quaisquer meios.

Fotografias do capítulo Receitas do Diamante: Daniella Mynssen
Fotografias do capítulo Memórias de Diamante: J. Sá (p. 12)/Cadu Pilloto (p. 186 e 187)/Magno Seglia (p. 188 e 189)/Paulo Vitale (p. 191)/Ricardo Stuckert (p. 190). Demais fotos de acervo pessoal.
Fotografias usadas nas aberturas dos capítulos 1 a 14: Fotografias de Gaelle Marcel (p. 16), Tijana Drndarski (p. 22), Tamara Gak (p. 32), Calum Lewis (p. 42, 64), Nadine Primeau (p. 48), Rae Wallis (p. 72), Webvilla (p. 80), Deniz Altindas (p. 92), Annie Spratt (p. 110), Henry Perks (p. 120, 126), Todd Quackenbush (p. 132) e Andy Chilton (p. 138), na Unsplash.

Dados Internacionais de Catalogação na Publicação (CIP)
(Câmara Brasileira do Livro, SP, Brasil)

Mota, Simone
    Receita de Diamante/Simone Mota, João Diamante.
1. ed. Rio de Janeiro: Malê Edições, 2023.

    ISBN 978-85-92736-91-0

    1. Chefes de cozinha - Biografia 2. Cozinhas - Brasil - História
3. Gastronomia brasileira - História 4. Receitas (Culinária)
I. Diamante, João. II. Título.

23-168675   CDD-641.5

Índices para catálogo sistemático:
1. Chefes de cozinha: Receitas culinárias: Gastronomia 641.5

Tábata Alves da Silva - Bibliotecária - CRB-8/9253

Rua Acre, 83, sala 202, Centro, Rio de Janeiro
www.editoramale.com.br
contato@editoramale.com.br

"Um por todos e todos pela Gastronomia brasileira!"

João Diamante

Sumário

	Prefácio	9
Capítulo 1	Diamante vem da Bahia	17
Capítulo 2	A chegada do Diamante	23
Capítulo 3	A infância de um Diamante	33
Capítulo 4	Um Diamante ainda bruto	43
Capítulo 5	Diamante é demonstração de amor	49
Capítulo 6	O reconhecimento do Diamante	65
Capítulo 7	A primeira viagem do Diamante	73
Capítulo 8	O Diamante vira empresa	81
Capítulo 9	Diamantes na Cozinha	93
Capítulo 10	O Diamante na TV	111
Capítulo 11	Diamante e outras joias	121
Capítulo 12	Diamante premiado	127
Capítulo 13	Diamante reverbera sua voz	133
Capítulo 14	Diamante sem fim	139
Capítulo 15	Receitas do Diamante	143
	Memórias de Diamante	175

PREFÁCIO

É possível que alguns digam que não há novidade nenhuma na utilização da Gastronomia como ferramenta de transformação social. A Gastromotiva,[1] para citar um exemplo, está desde 2006 fazendo valer a sua missão de "*promover a inclusão através da Gastronomia Social*", que, muito mais do que formar profissionais para atuarem nesse setor, está transmitindo aos que passam pelo projeto valores essenciais, como a colaboração.

Foi com o desejo de colaboração e de retribuição a tudo que recebeu dos projetos sociais pelos quais passou que João Diamante, após concluir seu período de estágio no restaurante Le Jules Verne, na Torre Eiffel, em Paris, sob o comando do Chef Alain Ducasse, decidiu recusar um convite para continuar na França e trabalhar com um dos chefs mais famosos do mundo. Isso aconteceu porque João tinha um sonho maior.

O sonho de não seguir seu caminho sozinho.

João Diamante é fruto dos projetos sociais que aconteciam (e ainda acontecem) na comunidade Nova Divineia,

---

[1] "Fundada em 2006, pelo chef e empreendedor social David Hertz, (...) uma organização que oferece formações profissionais para que seus alunos se tornem empreendedores, auxiliares e chefs de cozinha, replicadores da sua metodologia." Fonte: site Gastromotiva.

onde foi criado, no Complexo do Andaraí. Sua mãe (muitas vezes a pedido dele) o inscreveu em tudo o que foi possível para mantê-lo ocupado, em aprendizado, enquanto ela estava ausente trabalhando para sustentar os filhos.

"É preciso uma aldeia para educar uma criança", diz um provérbio africano.

Esses projetos presentes nas comunidades são fundamentais para apresentar novas possibilidades de caminho às crianças e aos jovens que vivem à margem dos direitos básicos de todo cidadão. São nesses espaços, muitas vezes improvisados, que eles têm contato com coisas simples, mas essenciais para a sua formação, como um bom livro ou uma escuta atenta.

O menino João Augusto participou de tudo o que lhe foi oferecido em projetos sociais na Divineia e, aos 7 anos de idade, trabalhou assando pães em uma padaria da sua comunidade, escondido da mãe. Ele não fazia ideia dos caminhos que abriria em sua vida e na vida de tantas outras pessoas.

A vontade de conquistar mais do que tinha até aquele momento fez o jovem João Augusto escolher a cozinha como área de trabalho durante o serviço militar, para que pudesse sair mais cedo e ter mais tempo para se dedicar aos estudos. Ele ainda não sabia que seria ali, naquela cozinha, que começaria os primeiros passos de sua carreira profissional – a lapidação de Augusto para se tornar Diamante.

Da Marinha do Brasil para a França, na Gastronomia João Diamante encontrou mais do que uma vocação, ele enxergou na profissão uma ferramenta poderosa de transformação social. Percebeu que com essa ferramenta poderia oferecer a outras pessoas um pouco do tanto que tinha aprendido nas cozinhas por onde já havia estagiado ou trabalhado e, assim, multiplicar acessos e oportunidades.

Ubuntu! "Eu sou porque nós somos."

No livro *Becos da memória*, de Conceição Evaristo, há um trecho que diz: "*Todos aqueles que morreram sem se realizar, todos os negros escravizados de ontem, os supostamente livres de hoje, se libertaram na vida de cada um de nós, que consegue*

viver, que consegue se realizar. A sua vida, menina, não pode ser só sua. Muitos vão se libertar, vão se realizar por meio de você". Tenho certeza de que João Diamante percebeu que tinha esse poder de libertar outros talentos.

Na sua volta ao Brasil, com esse desejo genuíno de se movimentar não apenas em prol de sua carreira, mas especialmente pelo outro, para retribuir o que um dia recebeu de outros que como ele se movimentaram, ele não só acolheu dezenas de pessoas com o projeto Diamante na Cozinha como também foi acolhido para trabalhar com a Chef Flávia Quaresma.

Desde então é assim que João Diamante vem construindo sua história.

Contar histórias é ofício de toda pessoa escritora. Costumo dizer que são as histórias que me escolhem. Elas ficam me rondando, me envolvendo, até que me pegam de vez, e pronto... Lá estou eu rascunhando tudo o que elas me ofereceram e aceitando o convite para contá-las. A história do Chef João Diamante foi uma dessas que não saiu de perto de mim. E quando me dei conta, já estava ligando pra ele, em plena pandemia (14/7/2020), para dizer que queria muito a autorização e a parceria dele para contar – e mais do que isso, deixar registrada – a história de vida dele em um livro.

Venha conhecer mais da história desse homem negro, nordestino, cria do Complexo do Andaraí, filho de Elildes de Oliveira Santos, por minhas palavras contadas, mas especialmente pelas receitas que fazem de João Augusto de Oliveira dos Santos o nosso querido Chef João Diamante.

Simone Mota

PRIMEIRA RECEITA
AUTORAL DE JOÃO DIAMANTE:[2]

Berinjela laqueada e cuscuz

INGREDIENTES TOTAIS DA RECEITA:

250g de berinjela

40g de missô (pasta de soja)

40g de melado de cana

50g de vinagre de vinho branco

500ml de água

100g de farinha de milho tipo flocão

90g de cebola-roxa em conserva picada

8g de hortelã

8g de dill

8g de coentro

8g de salsa

30g de castanha-de-caju picada

200g de tomate-cereja

100ml de azeite

50g de alho

2 ramos de tomilho

3 folhas de louro

50g de polpa e sementes de um maracujá

Sal a gosto

[2] Imagem do prato na página 182.

Berinjela laqueada

Ingredientes:

250g de berinjela

40g de missô (pasta de soja)

40g de melado de cana

50g de vinagre de vinho branco

500ml de água

Sal a gosto

Modo de preparo:

1. Corte as berinjelas na metade no sentido do comprimento e faça cortes diagonais na parte de dentro delas; polvilhe sal em abundância.

2. Em uma peneira, coloque as berinjelas durante 30 minutos para extrair o líquido e reduzir o amargor.

3. Após 30 minutos, lave as berinjelas em água corrente e seque bem.

4. Em uma panela, coloque as berinjelas na água com sal e vinagre e leve ao fogo. Assim que levantar fervura, retire as berinjelas.

5. Em um bowl, misture o missô e o melado de cana.

6. Pincele a mistura do lado onde foram feitos os cortes nas berinjelas e leve ao forno preaquecido a 180°C.

7. A cada 5 minutos, pincele uma nova camada da mistura de missô e melado.

8. Após 15 minutos, ou até murcharem as berinjelas, retire-as do forno, pincele mais um pouco com a mistura e reserve.

Cuscuz

Ingredientes:

100g de farinha de milho tipo flocão

100ml de água

90g de cebola-roxa em conserva[3] picada

8g de hortelã

8g de dill

8g de coentro

8g de salsa picada

30g de castanha-de-caju picada

Sal a gosto

Modo de preparo:

1. Hidrate a farinha de milho na água por meia hora. Corte finamente a salsa, a hortelã e o coentro. Reserve. Corte o dill em pequenos ramos. Reserve.

2. Após a hidratação, em uma cuscuzeira ou panela em banho-maria, cozinhe a farinha de milho temperada com sal até que fique macia.

3. Após o cozimento, acrescente o restante dos ingredientes e reserve.

— *Empratamento* —

1. Em um prato, posicione o cuscuz com 3 unidades de tomate confit.[4]

2. Sobre o cuscuz, ponha meia berinjela laqueada.

3. Finalize o prato espalhando suavemente o vinagrete de maracujá.[5]

[3] Esta receita está no Capítulo 15 do livro.
[4] Esta receita está no Capítulo 15 do livro.
[5] Esta receita está no Capítulo 15 do livro.

CAPÍTULO 1

Diamante vem da Bahia

O diamante é considerado uma joia rara por diversas características que o destacam das demais. Mas não é em seu valor material que está o maior fascínio e o desejo por essa gema preciosa. É do brilho do diamante que emergem tantas cores pela decomposição de uma única luz. É assim que ele nos revela seu valor. Basta uma boa fonte de luz para reconhecer um verdadeiro diamante, porque ele logo reflete seu brilho intenso e único.

Segundo a Secretaria de Desenvolvimento Econômico, a Bahia é o maior estado produtor de diamante do Brasil. O estado abriga a mina Braúna, primeira e única mina de diamantes da América do Sul desenvolvida a partir de kimberlito, rocha matriz do diamante.

É de lá que vem a única pessoa desse mundo que tem a Receita de Diamante. E ela já disse que não dá e não vende essa receita de jeito nenhum. Não que ela não queira. É que algumas receitas são únicas. Elas não se repetem nem com a mesma combinação de ingredientes. A boa notícia é que a dona dessa receita gerou um Diamante tão precioso que ele se multiplica de uma maneira muito generosa.

Esta história começou em Terra Nova, antigo distrito Terra Boa, um município desmembrado de Santo Amaro, Bahia, onde Elildes de Oliveira Santos, mãe do Chef João Diamante, nasceu.

Elildes não conviveu com a mãe quando era criança. Filha caçula da união de seus pais, quando eles se separaram ela ainda era uma menina, com aproximadamente 7 anos. No início o Sr. José Dias dos Santos cuidou sozinho da filha, mas com o tempo achou que seria melhor que Elildes fosse cuidada por uma prima dele. E assim Elildes foi viver em Candeias, a cerca de 40 quilômetros de sua terra natal.

Poucos anos depois, o pai de Elildes faleceu. Um dos irmãos de Elildes foi até Candeias buscar a menina para o velório e depois ela retornou à casa em que vivia. Mas a expectativa do Sr. José de que a filha tivesse uma vida melhor sob os cuidados da prima não estava sendo contemplada. Então, aproximadamente três anos depois, Elildes voltou para Terra Nova, sua cidade natal.

Embora não se lembre claramente do que aconteceu nesse período entre a infância e a adolescência, após a morte do pai, Elildes disse que acredita que foi morar em Feira de Santana com uma de suas irmãs mais velhas, Maria das Graças. Ela conta que tinha mais ou menos uns 15 anos de idade quando isso aconteceu. Foi um novo deslocamento em sua história, reforçando sua insistência, consciente ou inconsciente, em buscar uma vida melhor.

Em Feira de Santana, Elildes arrumou um trabalho e voltou a estudar à noite. Pouco tempo depois, ela conheceu o pai de sua filha mais velha. O namoro estava indo bem, e eles, mesmo sendo ainda muito jovens, decidiram viver juntos em uma casa alugada. Ambos trabalhavam e mantinham juntos as despesas da casa.

Mas, aos 18 anos de idade, Elildes engravidou. Essa notícia trouxe uma nova realidade para a relação de Elildes com o pai de sua filha mais velha, até que ele a deixou. Aquele foi mais um momento em que Elildes se viu "sozinha". Sozinha à espera do nascimento de sua primeira filha, a Tamires.

Com a gravidez avançando, as dificuldades de arrumar emprego aumentaram, e sua condição de sobrevivência ficou ainda mais difícil. A ajuda que recebia de algumas pessoas para quem havia trabalhado não era suficiente para Elildes sustentar a casa sozinha. Era uma mulher grávida com o mínimo de apoio financeiro e sem nenhuma rede de apoio afetivo.

A pressão cada vez maior do proprietário da casa onde morava para que ela pagasse o aluguel em atraso fez Elildes tomar a decisão de entregar a casa e pedir a ajuda de Ilda, sua mãe.

Mesmo sem ter tido nenhum contato com a mãe até aquele momento, ela considerou que sua mãe seria a melhor pessoa para acolhê-la no período da gestação de sua filha. Sua mãe casou novamente após a separação do Sr. José, pai de Elildes, e teve dois filhos, irmãos mais novos que Elildes ainda não conhecia.

"Quando eu cheguei na casa de minha mãe, não fui bem recebida. Embora eu tenha pensado: 'Caraca, primeira vez que eu vou conhecer a minha mãe. Acho que ela vai ficar feliz. Pelo menos pela minha presença'", revelou Dona Elildes.

Embora não tenha sido bem recebida, Elildes ficou na casa da mãe. A princípio para aguardar o nascimento de sua filha.

Depois que Tamires nasceu, a proximidade dela com os dois irmãos mais novos ficou ainda maior. Com toda a dificuldade de ser uma jovem adulta com uma bebê e duas crianças para cuidar, eles se entendiam e se ajudavam. Esse carinho e esse cuidado entre eles se intensificavam a cada dia. Elildes foi também, em certa medida, um pouco mãe de seus irmãos.

Contudo, aquele tempo na casa da mãe foi o suficiente para Elildes ter certeza de que ainda não era ali que ela se fixaria.

Sua busca vislumbrava novos e mais amplos horizontes. Elildes não sabia exatamente como faria para proporcionar uma vida melhor para ela e a filha. Sonhava e imaginava possibilidades. E, antes que o tempo a deixasse se acomodar, decidiu partir mais uma vez.

Naquele momento, Elildes achou que o Rio de Janeiro era o lugar onde conseguiria realizar seus sonhos. Alguns de seus irmãos e de suas irmãs mais velhos já viviam no Rio e a receberam. Foi a primeira tentativa dela fora da Bahia. Foram 1.729 quilômetros percorridos, um percurso mais de dez vezes maior que seu primeiro movimento de migração.

Mesmo com a filha ainda bebê e ciente de todas as dificuldades, Elildes chegou ao Rio ávida por uma oportunidade de emprego e foi tentando tudo o que aparecia para ela. Mas a cada tentativa a oportunidade se transformava em frustração.

Como mãe solo, precisava garantir que a filha estaria bem cuidada enquanto trabalhava. Por mais que a família ajudasse, ela precisava de uma creche pública onde pudesse deixar Tamires. Não adiantava conseguir o emprego e não ter onde deixar a filha. Assim, o tempo foi passando e Elildes e a filha se tornaram uma despesa para a família que tentava ajudar.

Com o coração apertado, e ao mesmo tempo tranquilo por saber que a filha estava bem cuidada, Elildes decidiu deixar Tamires sob os cuidados

dos parentes e voltar para a Bahia. Ela foi buscar, mais uma vez, uma oportunidade de melhorar a vida de sua família. Voltou cerca de 1.600 quilômetros. Dessa vez, de carona, sozinha, em um caminhão até a capital, Salvador.

Elildes chegou à capital da Bahia cheia de esperança. Mas a realidade que encontrou em Salvador não foi muito diferente da realidade que já conhecia do interior da Bahia. Salários baixíssimos, trabalho escravizador e toda a crueldade do racismo, que ainda hoje se sustenta na nossa sociedade.

Apesar de toda a dificuldade encontrada, e da saudade que sentia da filha, Elildes seguiu tentando melhorar suas condições de trabalho. Seu objetivo era ter a filha vivendo com ela. Mas em boas condições. Oferecer uma realidade diferente da que tinha vivido. Elildes sonhava. Ela se permitiu esse direito. Sonhou com a filha de volta e uma nova família. Uma família de um jeito que ela nunca havia experimentado.

> "Não fui uma pessoa orientada nem por pai, nem por mãe... por um tio, por ninguém... Fui orientada pela minha própria vida, pela minha cabeça... A própria vida me ensinou", refletiu Elildes.

E esse sonho pareceu possível. Elildes conheceu Rivaldo quando sua filha já tinha voltado a morar com ela em Salvador. Rivaldo e Elildes iniciaram um namoro. Pouco tempo depois, ela descobriu que estava grávida do segundo filho. Quando João Augusto nasceu, Elildes e Rivaldo não viviam mais intensamente aquela paixão. Então, o relacionamento não foi adiante.

> "Mas o João... ele me trouxe muita alegria", vibrou Dona Elildes.

Em toda receita, é preciso muito mais do que os ingredientes e o passo a passo, é preciso pensar sobre ela, estudar suas possibilidades e testar até que ela fique do jeito que seu criador desejou. Foi o que Elildes fez na vida dela. Resolveu dar seu toque de chef e seguir sua intuição.

Não podia continuar vivendo em Salvador com os filhos sem nenhuma perspectiva de melhorar a situação em que se encontrava. Então, escreveu uma carta à irmã Eliana pedindo a ajuda dela e do irmão José Augusto para fazer o que seu coração mandava: deixar a terra natal de seus filhos para trás.

De algum modo, Elildes sentia que Salvador não era o lugar onde sua família – ela e seus filhos – teria a chance de uma vida com o mínimo que ela desejava: educação de qualidade, saúde e boa alimentação... E, mais uma vez, partiu. Percorreu aproximadamente 1.600 quilômetros de volta à cidade do

Rio de Janeiro. Mas, nessa segunda vez, Elildes estava mais consciente de sua realidade: a responsabilidade de cuidar sozinha de duas crianças.

E fez disso a sua grande motivação para buscar oportunidade onde a oportunidade parecia existir.

"Tentar uma vida melhor no Rio de Janeiro" não é frase pronta de quem vem do Nordeste do país, é a realidade de um sistema de migração que o Brasil conhece, mas finge não ver para não ter que cuidar de suas implicações.

Elildes fez esse percurso final de sua migração em 1993.

Segundo os dados da Pesquisa Nacional por Amostras de Domicílios (Pnad), realizada pelo IBGE, o período compreendido entre 1991-1996 foi marcado por um aumento na saídas de pessoas da Bahia no âmbito inter-regional, enquanto o Rio de Janeiro desde o período de 1986-1991 apresentava ganhos populacionais com a migração de outras regiões do país.

É claro também que, como apontam estudos como "Novos Espaços da Migração no Brasil: anos 80 e 90", de Rosana Baeninger, "(...) para o entendimento da migração no Brasil é preciso que se considere principalmente as dinâmicas migratórias intrarregionais, não tanto pela importância numérica que se impõe mas pelas transformações que se pode captar no fenômeno migratório nesses espaços".[6]

Portanto, olhar para histórias como a da mãe de João Diamante e de sua família como uma simples escolha é injusto. Tomar uma decisão (e não escolher) é, na maioria das vezes, o único recurso que resta em alguns momentos da vida de cada cidadão que sofre com a desigualdade social no nosso país.

É uma questão de sobre(vivência). Quem não sabe disso?!

Mas, nesse desver da realidade do Brasil, milhares de pessoas, ainda hoje, migram para as capitais do Sudeste do país, especialmente para o Rio de Janeiro e para São Paulo, como fez Elildes em busca de oportunidades.

Ao todo, foram quase 4 mil quilômetros percorridos por Elildes até ela chegar ao Rio de Janeiro sozinha com o filho João Augusto, ainda um bebê de menos de 2 anos, e a filha Tamires, de 5 anos, para morar na comunidade da Nova Divineia, no Complexo do Andaraí, amparada pelo afeto do irmão e da irmã que lá viviam e os acolheram.

---

[6] BAENINGER, Rosana. Novos espaços da migração no Brasil: anos 80 e 90. *Anais do Encontro Nacional sobre Migrações, Trabalho e Gênero*. 2021. Disponível em: http://www.abep.org.br/publicacoes/index.php/anais/article/view/980/945. Acesso em: 15 ago. 2023.

CAPÍTULO 2

A chegada do Diamante

O bairro do Andaraí como conhecemos hoje é apenas uma pequena parte do território original conhecido como Andaraí Grande. Esse nome de origem indígena – que significa "rio dos morcegos" – vem do rio que atravessa a conhecida Rua Maxwell e hoje se chama Rio Joana.

Fruto das implicações históricas pelas quais passou desde a sua fundação, o bairro atualmente é limitado por Vila Isabel, Tijuca, Grajaú e pela Serra do Andaraí.

Enquanto esses três bairros, desde o século XIX, foram se tornando bairros residenciais valorizados, o Andaraí foi seguindo um outro curso e se transformou em um bairro operário com a instalação de diversas fábricas atraídas por facilidades econômicas e geográficas da época.

Consequentemente, vilas operárias também foram construídas naquela região. Mas, apesar do nome, essas vilas não cabiam no orçamento de todos os trabalhadores. Por isso, eles tinham que procurar moradias em outras regiões, distantes de seus locais de trabalho, o que dificultava e onerava os custos desses trabalhadores. Foi assim, de uma demanda não atendida, e extremamente importante e necessária, que o Andaraí também viu suas encostas, do

Maciço da Tijuca, serem ocupadas por moradias. Surgiu, então, a primeira favela da região – a Arrelia (1891).[7]

De acordo com os historiadores Rodrigo Rainha e William Martins, do site Rolé Carioca, "as fábricas dominaram a região até os anos de 1960, quando questões ambientais e a formação de novos polos removeram as indústrias para longe do centro. Ficaram as chaminés, visíveis no 'Tijolinho' e no 'Boulevard Extra'.[8] Desde então, a história do Andaraí ficou mais conhecida por alimentar a crônica de violência da cidade, apesar das referências suaves em novelas e nas músicas".

Na década de 1970 o bairro do Andaraí[9] já tinha cinco favelas quando se formou a comunidade Nova Divineia (1971).[10] Fechando o espaço que hoje é conhecido como Complexo do Andaraí e Grajaú, formaram-se também as comunidades João Paulo II[11] (1979) e Juscelino Kubitschek[12] (década de 1980). Sendo que as três primeiras do conjunto de seis comunidades do Complexo surgiram anteriormente: Morro do Andaraí (1930), Jamelão (1941) e Vila Rica (provavelmente na década de 1940).

Essa realidade de surgimento de comunidades se multiplicou na cidade do Rio de Janeiro nas décadas seguintes – anos 1980 e 1990.

Foi nesse contexto que Elildes chegou ao bairro do Andaraí para viver com os dois filhos. Um bairro que naquele momento, década de 1990, abrigava uma quantidade enorme de migrantes vindos do Nordeste do país – como os parentes de Elildes – em seus morros e encostas, tornando o Complexo do Andaraí a comunidade no Rio de Janeiro com o maior número de moradores nordestinos.[13]

Apesar do acolhimento dos parentes, que residiam no Complexo do Andaraí, as dificuldades que esperavam Elildes eram praticamente as mesmas, quiçá maiores que as que ela teve na sua primeira tentativa em busca de uma vida melhor no Rio de Janeiro.

O primeiro trabalho de Elildes depois que se fixou definitivamente no Rio de Janeiro com os filhos demorou mais de seis meses para acontecer. Nesse período, ela contou com a ajuda do irmão José Augusto e da irmã Gracinha para manter-se com os filhos. Quando o trabalho apareceu, a filha

---

[7] BATISTA, Adilson Donato. *Pequena história do Andaraí*. Rio de Janeiro: Amaraí/PMCRJ, 1989 (republicação para a V Semana do Andaraí), p. 9-10. Mimeo.
[8] Atualmente (2022) Hipermercado Assaí.
[9] O bairro do Andaraí tinha uma área bem maior à época.
[10] SANTOS, Alexandre Mello; LEITE, Márcia Pereira; FRANCA, Nahyda. *Quando memória e história se entrelaçam*: a trama dos espaços na Grande Tijuca. Rio de Janeiro: Ibase, 2003.
[11] Ou Sá Viana.
[12] Ou Caçapava.
[13] Comunidade com o maior número de moradores nordestinos naquela época.

mais velha já estava em idade escolar, mas João ainda era bebê, e não havia creche da Prefeitura disponível para recebê-lo com aquela idade. Então, Elildes pagava uma pessoa para cuidar dele enquanto ela trabalhava.

Pode parecer mágico, até impossível, que uma trabalhadora doméstica ganhasse o suficiente para conseguir pagar uma pessoa para cuidar de seu filho na sua ausência. Não há nenhuma mágica nisso. O fato é que essa era, e ainda é, a dura realidade de muitas trabalhadoras domésticas: pagar do pouco que recebem o que deveriam ter por direito.

Apesar de a legislação ter avançado nos direitos dos trabalhadores domésticos, a realidade de condições de salário e trabalho para essa classe de trabalhadores ainda é muito injusta. Muitos desses trabalhadores ainda ganham menos de um salário mínimo e não têm seus direitos de trabalho garantidos porque trabalham na informalidade.

Toda essa estrutura contribuiu para que Elildes precisasse trabalhar sempre em mais de um emprego e, consequentemente, não ter tempo de folga nem de descanso na companhia de seus filhos.

> "A minha memória de infância da minha mãe foi uma memória (...) de querer mais apego e não ter. Porque ela tinha que trabalhar e me deixava com minha irmã. Ela chegava, já era noite. Então ficava com a gente ali, mas já cansada. No dia seguinte já descia com ela pra ir para a escola e quem me trazia pra casa era minha irmã. (...) Minha mãe sempre trabalhou muito. Dois, três trabalhos. Eu fiquei mais com minha irmã, meus tios e meus primos, que ficavam na localidade que eu morava", contou João Diamante.

O trabalho que tirou de Elildes o direito de acompanhar o crescimento dos filhos foi o mesmo que garantiu a eles uma condição básica de sobrevivência.

> "Eu não tinha tempo para dar um beijo nos meus filhos, sentar de manhã para tomar um café com eles... Não fiz nada disso. Só tive tempo de trabalhar, trabalhar, trabalhar... Eu não fazia um passeio com meus filhos. (...) Eu não tive esse tempo de curtir", lamentou também Elildes.

Mãe e filho tinham o mesmo desejo: ter mais tempo juntos. Mas, para fazer essa Receita de Diamante dar certo, Elildes não teve outra opção senão abrir mão dessa convivência para algo maior.

Nenhuma receita é simples.

Depois de pronta, pode parecer fácil. Nunca é. Até porque, para quem cria uma receita, ela nunca está terminada. E aqui estamos tratando de uma receita muito especial – Receita de Diamante.

Por isso, precisamos olhar os ingredientes, entender de onde eles vieram, conhecer o caminho percorrido até a sua transformação, avaliar cada escolha feita para o preparo dessa receita, para entender que não foi uma receita simples, tampouco mágica.

PRIMEIRA RECEITA

Uma receita do João oferecida à mãe

Camarão cremoso

Rendimento: 1 porção

Ingredientes:

100g de camarão médio limpo e eviscerado

60g de cebola picada

20g de alho picado

75g de pimentão vermelho picado

75g de pimentão amarelo picado

100g de bisque de camarão

100g de molho branco

100g de queijo cremoso

Azeite

Cheiro-verde a gosto

Coentro a gosto

Sal e pimenta-do-reino a gosto

Modo de preparo:

1. Em uma panela, refogue, em fogo médio, alho e cebola em azeite até murchar, mas sem dourar. Adicione os pimentões e refogue. Acrescente o bisque e cozinhe para que os sabores se combinem. Adicione o molho branco e o queijo cremoso.

2. Se for necessário ajustar a textura, adicione mais bisque ou molho branco.

3. Em frigideira em fogo alto, salteie rapidamente em azeite os camarões temperados com sal e pimenta-do-reino.

4. Adicione os camarões salteados ao creme. Em fogo médio, cozinhe alguns minutos para permitir a combinação de sabores.

5. Finalize com cheiro-verde e coentro a gosto. Ajuste o sal e a pimenta-do-reino.

Molho branco

Ingredientes:

100ml de leite integral

¼ de cebola

1 folha de louro

1 grão de cravo

Roux claro (funciona como o espessante do molho)

Noz-moscada a gosto

Sal e pimenta-do-reino a gosto

Modo de preparo:

1. Descasque a cebola, corte-a em quatro partes e espete a folha de louro com os grãos de coentro (esse processo é conhecido como cebola piqué e serve para aromatizar o molho).

2. Em uma panela, aqueça o leite com a cebola piqué. Leve ao ponto de fervura, desligue o fogo e deixe em infusão por 30 minutos. Coe e reserve.

3. Prepare o roux claro.

4. Na panela do roux, acrescente o leite aos poucos, misturando bem com um fouet até formar um creme homogêneo.

5. Volte com a panela para o fogo médio e mexa até ferver.

6. Tempere com raspas de noz-moscada e sal e pimenta-do-reino a gosto.

Roux claro

Ingredientes:

30g de manteiga

30g de farinha de trigo

*Sempre manteiga e farinha em medidas iguais.

Modo de preparo:

1. Em uma panela em fogo baixo, adicione a manteiga para derreter.

2. Assim que derreter, acrescente a farinha de trigo e mexa bem com um fouet ou uma colher de pau.

3. Continue mexendo, para cozinhar e até que tudo esteja bem incorporado.

4. Desligue o fogo quando a mistura ainda estiver clara.

5. Use essa preparação no seu molho branco.

Bisque

Ingredientes:

350g de cascas e cabeças de camarão (ou outros crustáceos)

150g de extrato de tomate

100g de cebola

50g de cenoura

50g de aipo

25g de alho-poró

16g de alho

15g de farinha de trigo

3g de tomilho

3g louro

3g de pimenta-do-reino em grãos

650ml de água

Modo de preparo:

1. Em panela com tamanho suficiente para caber todos os ingredientes, leve ao fogo alto as cascas e as cabeças higienizadas. Deixe pegar temperatura, secar e começar a mudar de cor.

2. Adicione o alho, a cebola, a cenoura, o alho-poró e o aipo cortados em cubos. Se necessário, acrescente um pouco de água para não queimar. Apenas o mínimo necessário.

3. Adicione o extrato de tomate e mexa. Polvilhe a farinha de trigo e mexa para que a farinha não fique em grumos.

4. Em seguida, acrescente a água, o tomilho, o louro e a pimenta-do-reino em grãos.

5. Se desejar, adicione um pouco da parte verde do alho-poró.

6. Espere levantar fervura, baixe o fogo e deixe fervendo com a panela sem tampa.

7. Durante o processo de fervura, limpe a superfície do bisque com escumadeira.

8. Após 40 minutos, desligue o fogo e leve esses ingredientes para o liquidificador e triture.

9. Passe por peneira fina extraindo o máximo possível de líquido.

10. Use o bisque no preparo do camarão cremoso.

Empratamento

Empratar lado a lado sem sobrepor o arroz, a farofa e o camarão cremoso.

CAPÍTULO 3

A infância de um Diamante

Antes de falar da infância do João Diamante, vou compartilhar aqui a primeira história de luta que ele venceu, graças ao empenho e à dedicação de sua mãe.

Quando tinha uns 3 meses de vida, João Augusto ficou muito doente. Teve uma pneumonia muito grave e ficou internado em um hospital público em Salvador.

Mesmo sozinha na capital, sem nenhum parente por perto, Elildes conseguiu ajuda para poder levar tudo que o hospital não fornecia para seu bebê João Augusto (como fralda e leite, por exemplo) e também visitá-lo diariamente no hospital.

> "O médico não deu nem esperança... Eu saía do trabalho (...) e ia todo dia visitar meu filho. Ele ficou uns três meses internado", disse Elildes.

E, quando Elildes estava vibrando com a alta médica do filho, ele contraiu rubéola. Ela ficou desesperada. Mais uma vez o medo de perder o filho a invadiu. Foi a avó de João, mãe do pai dele, quem orientou Elildes no cuidado com a doença, de certa forma a tranquilizando depois de tudo o que ela tinha vivenciado sozinha com a internação do filho.

Esses dois primeiros sustos no início da vida de João Augusto foram também decisivos para Elildes. Ela percebeu ali a dificuldade que teria para cuidar sozinha da filha e do filho. Então, resolveu escrever aquela carta para a irmã, que morava no Rio de Janeiro, pedindo ajuda para ir ao encontro dela e tentar uma oportunidade de vida melhor para sua família.

Por isso, João Diamante é um soteropolitano que cresceu na comunidade da Divineia, no Complexo do Andaraí.

Como João Augusto não tinha idade suficiente para entrar nas creches públicas, sua mãe pagava uma pessoa para cuidar dele enquanto ela estava trabalhando. Era uma choradeira sem fim do menino João Augusto quando Elildes saía para o trabalho. Mas, quando ele pôde entrar para a escolinha, o choro passou e a alegria tomou conta do menino.

Na escolinha, ele finalmente estaria do jeito de que gostava: rodeado de amigos e amigas.

Segundo sua mãe, João Augusto, ou melhor, o Gutinho, como era chamado na infância, era do mesmo jeito que é hoje, não mudou nada. "Tinha uma energia danada!" Como toda criança, ele gostava de brincar, correr, soltar pipa, jogar bola e inventar coisas. Parecia uma pilha com carga infinita que nunca descarregava.

Mas essa energia de criança ativa que João Augusto esbanjava não era consumida apenas na escola ou nas brincadeiras com os amigos da comunidade onde vivia. Havia no menino João Augusto algo que o deixava inquieto. Sempre muito observador e com o desejo de ajudar no que podia, João Augusto acabou desobedecendo à sua mãe.

De tanto que ele insistia, sua tia, ex-esposa de José Augusto, o deixava ir à padaria para comprar pão. Era uma padaria bem perto de casa, e isso fazia o menino João Augusto se sentir importante. Aos poucos, ficou conhecido do dono. Entrava, comprava o pão, mas também prestava atenção às conversas.

Até que um dia ouviu o dono da padaria dizer que precisava de um ajudante e se ofereceu para trabalhar. Sim, o menino João Augusto, na época com apenas 7 anos de idade, se candidatou a uma vaga de trabalho. E, por mais absurdo que isso pareça, ele conseguiu.

Abro aqui um parêntese para dizer que isso faz parte da história do João Diamante, mas trabalho infantil é ilegal no Brasil. "A OIT,[14] em colaboração com a parceria global Aliança 8.7, lançou o Ano Internacional para a

---

[14] Organização Internacional do Trabalho.

Eliminação do Trabalho Infantil em 2021, com o objetivo de promover ações legislativas e práticas para erradicar o trabalho infantil em todo o mundo."[15]

De acordo com o Pnad 2019, "em 2019, havia 38,3 milhões de pessoas entre 5 a 17 anos de idade, das quais 1,8 milhão estavam em situação de trabalho infantil (4,6%). Desse total, 706 mil estavam ocupadas nas piores formas de trabalho infantil (Lista TIP)".

Quando Elildes descobriu que o filho estava trabalhando, foi até a padaria saber o que estava acontecendo. João Augusto tentou se esconder, mas ela o viu e o levou para casa. Antes de sair do local, fez questão de deixar registrados, para o dono da padaria, sua indignação e o conhecimento da irregularidade à qual seu filho foi submetido.

Essa consciência da mãe de João Augusto foi muito importante para poupá-lo dessa terrível estatística que assola nosso país, especialmente em função da desigualdade social.

Embora esse não seja o assunto do livro, como estamos falando de infância, é importante lembrar que, desde 1990, um ano antes do nascimento do João Diamante, foi promulgada em 13 de julho a Lei nº 8.069 – o Estatuto da Criança e do Adolescente, que em um de seus primeiros artigos decreta: "Art. 4º[16] É dever da família, da comunidade, da sociedade em geral e do poder público assegurar, com absoluta prioridade, a efetivação dos direitos referentes à vida, à saúde, à alimentação, à educação, ao esporte, ao lazer, à profissionalização, à cultura, à dignidade, ao respeito, à liberdade e à convivência familiar e comunitária".

Foi para tentar garantir tudo isso para seus filhos que Elildes trabalhou tanto.

> "A infância com minha mãe foi uma infância meio que distante. Porque ela tinha que trabalhar, não tinha marido, não tinha ninguém. (...) Tinha que garantir a nossa sobrevivência. Mas ensinou muito, porque eu via minha mãe trabalhando muito, dia e noite, dia e noite, então a gente tentava valorizar o máximo isso", emocionou-se João Diamante.

João Augusto valorizava e, inconscientemente, mesmo sendo criança, estava sempre buscando uma maneira para ganhar algum dinheiro e ajudar a mãe. É possível que o menino acreditasse que o movimento dele nesse

---

[15] Fonte: https://www.ilo.org/brasilia/temas/trabalho-infantil/lang--pt/index.htm. Acesso em 15 ago. 2023.
[16] Fonte: https://presrepublica.jusbrasil.com.br/legislacao/91764/estatuto-da-crianca-e-do-adolescente-lei-8069-90. Acesso em 15 ago. 2023.

sentido de colaboração pudesse fazer a mãe diminuir o ritmo de trabalho e ficar mais presente na vida cotidiana dele.

Mas Elildes continuou vigiando e cuidando para que o filho não trabalhasse na infância. Muitas vezes ele conseguiu driblar a vigilância da mãe e das professoras, que o abordavam sempre que o viam com algum dinheiro.

> "Eu muito novo chegava na escola com uma quantidade de dinheiro maior do que o normal (...). Pô, João, onde você está arrumando esse dinheiro? Eu trabalho, professora. Saio daqui, vou na feira, sou cobrador de Kombi (...). Trabalho na comunidade. (...) Elas ficavam com um pé atrás. 'Será que é lícito?', elas se perguntavam. Embora naquela idade nenhum trabalho pudesse ser considerado lícito", contou João sobre essa atenção das professoras com ele.

Havia ali uma preocupação legítima com João Augusto de ambas as partes. Como adultas, elas sabiam a vulnerabilidade a que ele e todas as crianças que viviam na comunidade estavam submetidas. Elas tentaram de todas as maneiras proteger, o máximo possível, a infância do João.

A infância é uma fase fundamental no desenvolvimento do ser humano. Diversas pesquisas realizadas por cientistas no mundo inteiro comprovam o quanto a garantia de direitos fundamentais na infância, como nutrição adequada, por exemplo, garante um futuro mais produtivo e sustentável para o indivíduo e a sociedade.[17]

Comer, brincar e estudar (sem querer plagiar nenhum filme famoso) foi o mantra que João Augusto praticou na infância, apesar de todas as dificuldades de sua família. Mas não necessariamente nessa ordem.

> "Na minha casa tinha muita criança, então, a minha ex-mulher pegava tíquetes de leite para trocar. Então, vinham aqueles caixotes amarelos cheios de leite, e aquilo virava brinquedo pra eles. Eles entravam no caixote e eu empurrava numa rampa perto de casa. (...) Brincavam muito", contou José Augusto, tio do João.

Brincar gasta muita energia, dá fome. A ordem correta do mantra era: brincar, comer e estudar!

João sempre comeu muito bem. Mas não comia de tudo. Não gostava de legumes, reclamava de comer frutas... Na verdade, durante a infância João Augusto tinha uma alimentação com uma variedade bem limitada de

---

[17] Fonte: O site atualizado parece ser este: https://www.mds.gov.br/webarquivos/publicacao/assistencia_social/Cadernos/Interacao_Suas_CF.pdf. Acesso em 15 ago. 2023.

ingredientes. Os legumes, as verduras e as frutas que podiam ser comprados eram poucos e sempre a escolha feita por Elildes era por alimentos que pudessem render e saciar a fome da família.

Considerando o valor da cesta básica brasileira, diversos institutos de pesquisa nos apontam que a alimentação há décadas consome mais do que 30% do salário mínimo brasileiro. E a cesta básica brasileira é composta por 13 alimentos: carne, leite, feijão, arroz, farinha, batata, tomate, pão, café, banana, açúcar, óleo e manteiga. Sua quantidade varia de acordo com a região do país, conforme a metodologia aplicada pelo Dieese.[18] Observe que, desses 13, apenas um legume e duas frutas. O que está muito distante de um valor nutricional adequado.

Assim como tantas famílias brasileiras, a família de João Augusto não tinha essa consciência alimentar, tampouco acesso a todos os alimentos necessários para oferecer às crianças uma alimentação adequada.

Mas, mesmo com toda essa restrição, João Augusto mostrava pequenas características que todo bom chef carrega em sua bagagem, como a exigência com a qualidade – explorar o melhor que cada alimento pode oferecer. Porque, desde menino, o que ele gostava de comer tinha que ser do melhor jeito.

João Augusto fazia questão de comida fresca e reclamava muito quando isso não era possível no dia a dia. Reclamava, mas comia. Sua mãe conta que, quando a refeição não tinha um arroz quentinho, daquele que a gente deixa tampado até a hora de servir e levanta fumaça da panela, deixando gotículas d'água na tampa, o alegre e sorridente João Augusto ficava muito zangado.

"Eu era um pouco chato... Mas tinha curiosidade para saber como fazer", admitiu João Diamante.

Tinha uma curiosidade tão grande por tudo que certa vez a mãe foi chamada a comparecer na escola onde ele estudava.

Elildes estranhou o chamado da coordenadora pedagógica da escola. João Augusto era um bom aluno, comportado, até um pouco medroso, segundo ela. De qualquer maneira, Elildes achou melhor pedir licença no trabalho para sair mais cedo e foi até a escola para saber o que tinha acontecido.

Para seu alívio, ao chegar lá, descobriu que a escola queria apenas agradecer a gentileza por ela, mesmo diante de tanta falta de tempo, ter

---

[18] Departamento Intersindical de Estatística e Estudos Socioeconômicos.

preparado um bolo para o filho João Augusto levar para um lanche coletivo na escola. Além disso, Elildes recebeu muitos elogios porque o bolo estava delicioso e fez o maior sucesso entre os alunos. Todos acharam que Elildes tinha preparado o bolo.

Mas, ela, na mesma hora, matou a charada.

"João Augusto! Você é demais!", pensou ela.

Foi ele quem abriu o armário de casa, viu o que tinha de ingredientes e, com o que já havia observado das preparações da mãe e da tia, juntou tudo e preparou o bolo para levar para a escola. Chegando à escola, disse a todos que a mãe tinha preparado o bolo.

Fabular a presença da mãe foi um jeito que João Augusto encontrou para lidar com a ausência dela. A criatividade, a curiosidade e a energia para realizar são características observadas em João desde menino, atestaram tanto sua mãe Elildes quanto seu tio José Augusto em entrevistas.

Observando esse jeito proativo do filho, Elildes o mantinha ocupado. A mãe de João o inscrevia em tudo: dança, esporte, complementação escolar. Se era oferecido gratuitamente para as crianças na comunidade, Elildes colocava João para participar. João Augusto, o Gutinho, virou figura conhecida nesses espaços de acolhimento.

E, de tanto estimular isso, João Augusto, com seu desejo de sempre buscar mais, fazia o mesmo que sua mãe. Quando aparecia alguma oportunidade de atividade diferente ou curso, ele corria para descobrir do que precisava para se inscrever. Depois, mostrava para a mãe e pedia; às vezes, implorava para participar.

Foi assim que aconteceu com o curso de Informática. Era um curso pago que tinha a duração de um ano. Elildes não fazia ideia do que João Augusto queria ou aprenderia naquele curso. Ela também não tinha dinheiro sobrando para investir em um curso desses para uma criança, um pré-adolescente.

Mas João Augusto tanto insistiu que Elildes se organizou e conseguiu matricular o filho no tal curso de Informática.

Foi com muita satisfação e orgulho que ela contou que ele frequentou com regularidade o curso, sem faltar a nenhuma das aulas, e por fim o concluiu, entregando a Elildes o diploma.

> "O que eu admirava no João, e admiro até hoje, é o focar... Eu quero isso, eu vou conseguir, eu vou à luta...E isso fazia com que eu não desanimasse", contou Elildes sobre seu filho João Diamante.

Foi uma luta diária para Elildes garantir essa infância possível para o filho.

Como este capítulo começou falando da primeira luta vencida por João Diamante, escolhi encerrá-lo falando de uma lembrança boa, de celebração da vida, que o João carrega da infância – sua primeira festa de aniversário.

> "No começo ele era vascaíno. Quando fizemos o primeiro aniversário pra ele, ele disse para minha irmã que queria uma camisa do Vasco. (...) Foi copiando a prima Nana, que era influenciada pelos tios. Ele foi na leva", contou o tio José Augusto, que se orgulha de dizer que o Augusto do João é em homenagem a ele.

A gente sabe que nossa memória nos trai a todo instante. Nem tudo aconteceu exatamente como lembramos. É difícil ter certeza se essa festa foi mesmo a primeira festa de aniversário que ele teve. Memória também se faz com o que e como lembramos.

E essa memória que o João tem da sua primeira festa de aniversário, que segundo ele foi feita pela madrinha, está também registrada numa fotografia que ele guarda com muito carinho e está compartilhada aqui no livro. Seu tio José Augusto disse que ele era muito pequeno para lembrar. Mas a nossa memória também se constrói com o que ouvimos dos outros sobre nós mesmos.

Inventada ou lembrada, o que importa é como essa memória nos toca. O que dela é, e foi, tão importante para que João Diamante faça questão de repetir e lembrar.

SEGUNDA RECEITA

Uma receita de bolo para o menino João Augusto, o Gutinho.

Bolo de fubá com coco

Rendimento: 2 porções

Ingredientes:

1 xícara de chá de fubá

1 xícara de chá de açúcar

1 xícara de chá de farinha de trigo

1 xícara de chá de manteiga sem sal

4 ovos

1 colher de sopa de fermento em pó

200ml de leite de coco

*Manteiga e fubá para untar a forma.

Modo de preparo:

1. Peneire o fubá, a farinha de trigo e o fermento. Unte uma forma de bolo com manteiga e polvilhe com o fubá. Retire o excesso do fubá virando a forma de cabeça para baixo e batendo no fundo dela.

2. Separe as gemas da clara. Ih, complicou? Peça ajuda a um adulto ou veja se na cozinha da sua casa tem um separador de gema.

3. Bata o açúcar com a manteiga e as gemas. Em outra vasilha, bata as claras em neve e incorpore à mistura anterior. Depois junte a mistura de farinhas e fermento. Para terminar, adicione o leite de coco e misture mais uma vez.

4. Coloque a mistura do bolo na forma. Peça a um adulto para colocar para assar em forno a 180°C por aproximadamente 40 minutos.

CAPÍTULO 4

Um Diamante ainda bruto

João Augusto, que na infância era chamado de Gutinho entre os amigos, ganhou do amigo Yang Freitas uma pergunta que mudou sua identidade. "Você tem MSN?" João respondeu que não tinha, e mais, que também não fazia ideia do que era MSN. Mas seu amigo logo explicou que era uma sala de bate-papo a que os adolescentes acessavam através do e-mail para conversar.

Depois de ouvir o amigo Yang, João afirmou que, além de não ter e-mail, também não tinha computador para fazer um. Então, Yang se ofereceu para criar um e-mail para João. Ele agradeceu ao amigo, mas falou que mesmo assim ele não ia poder participar da tal "rede social" sem ter computador. Yang trouxe de novo uma solução. Disse para João que com o e-mail criado ele poderia ir em uma lan house para usar o MSN.

No dia seguinte, Yang chegou com o e-mail pronto: diamante_negro@hotmail.com Quando recebeu o e-mail, João Augusto quis saber por que Yang não tinha usado o nome para criar o e-mail, e o amigo respondeu que no MSN era necessário ter um nickname (apelido) forte para que ninguém esquecesse.

Além de toda essa curadoria de criar um nome de impacto para o João, Yang ainda explicou o porquê. "Coloquei negro por conta da sua cor, e diamante porque você é uma pessoa que brilha..." E ainda profetizou, provavelmente de maneira inconsciente: "Quando você der esse nickname pra alguém, nunca mais ninguém vai esquecer de você".

De fato, o nome escolhido por Yang fez o efeito planejado. João Augusto ficou conhecido no MSN como Diamante Negro. Esse brilho que o amigo Yang via no João – sua alegria, seu jeito de se comunicar com as pessoas e sua interatividade com o que estava ao seu redor – reluziu rápido no MSN. Em pouco tempo ele, de fato, se tornou muito conhecido no MSN, e o apelido reduziu fora da rede social, ficando apenas Diamante.

Mas tinha uma pessoa nessa rede social que não conhecia o João Augusto, nem o Gutinho, tampouco o Diamante Negro, apesar de morar na mesma comunidade que ele, na Divineia. Por outro lado, João Augusto já tinha visto e se interessado por ela, antes mesmo de ter acessado o MSN.

E aproveitou a rede social para se apresentar a ela e marcar um encontro. Mas essa história merece um capítulo à parte. Mais à frente voltaremos a ela. Por enquanto, daremos um passo atrás para lembrar que antes do MSN o João e seus amigos e amigas adolescentes da época usavam outros recursos para se apresentar, impressionar e até declarar seu interesse por alguém.

Se atualmente ficamos lotados de mensagens nos aparelhos portáteis que carregamos para todo lado, àquela época o que lotava era a caixinha de correio da casa e a mochila do João Augusto com as cartas que ele recebia na escola.

Algumas dessas cartas direcionadas ao adolescente magrelo, comprido e extremamente comunicativo e alegre estão guardadas até hoje. João Augusto não atribuía o interesse das adolescentes, colegas e amigas à sua beleza.

> "Apesar de eu não ser o bonito, o padrão de beleza que é estabelecido pela sociedade aqui no Brasil (...), eu tinha outros atributos que acredito que encantavam as meninas. (...) Sempre fui um menino muito assediado pelas meninas. (...) Porque eu era um cara muito extrovertido, alegre, brincalhão (...), estava sempre de bem com a vida", contou João Diamante.

Das declarações contidas nessas cartas saíram muitos encontros e desencontros da adolescência vivida intensamente por João Augusto. Entre um namoro rompido e outro, ele estava sempre se relacionando com alguém.

Embora ele afirme que teve poucas namoradas – duas ou três, além da atual esposa, sua mãe dividiu conosco que a movimentação na casa à procura de João Augusto era intensa.

"Dos 7 anos até 14, 15... tinha até briga", brincou Elildes ao falar do assunto.

Depois das cartas e do MSN, João Augusto, com seu jeito inquieto e empreendedor, se uniu a alguns amigos e se tornou promotor de eventos na Divineia, comunidade onde vivia com sua família. Ele e alguns compraram um equipamento de som e realizavam festas e bailes para o público jovem do local. Eles se juntavam, arrumavam um local, divulgavam, realizavam e se divertiam com esse trabalho. Diversão e popularidade foi o que esse trabalho mais rendeu a João.

Por isso, mesmo mergulhado nessa fase intensa de curtição que é a adolescência, João Augusto não se desligava de seu desejo de independência financeira, especialmente para que pudesse colaborar em casa e aliviar a responsabilidade de sua mãe. Mas também, como todo adolescente, João tinha vontade de ter dinheiro para sair, se vestir bem e se divertir com os amigos.

Mesmo respeitando as escolhas e as fases de João, Elildes estava sempre atenta à movimentação dele, tanto nos trabalhos quanto nos estudos. Conversava com o irmão José Augusto sobre suas preocupações com os filhos e também se informava sobre oportunidades com as pessoas que conhecia.

Assim, entre uma troca e outra, uma amiga de Elildes avisou a ela que havia um curso de formação para empregar adolescentes, uma oportunidade para João conseguir seu primeiro emprego formal e legal. O local indicado foi o Cecamp Noel Rosa[19] – Centro de Educação, Cultura e Aprendizagem Multiprofissional, uma associação sem fins lucrativos que capacita estudantes entre 14 e 24 anos para o mercado de trabalho. Durante um mês, João participou do treinamento para depois ser encaminhado a diversas entrevistas de trabalho.

Essas oportunidades que as empresas ofereciam para jovens entre 14 e 24 anos empregavam legalmente esse público, como garantia a legislação à época.

João Augusto conseguiu uma vaga na empresa Civil Master, contratado como office boy. E nessa função aproveitou a oportunidade para conhecer e aprender a circular pela cidade do Rio de Janeiro. Porque, até aquela oportunidade de trabalho surgir, João circulava apenas na comuni-

---

[19] https://campnoelrosa.org.br/.

dade Divineia e nos bairros ao redor dela. Assim, conheceu mais a cidade do Rio de Janeiro, aprendeu a andar a pé e a utilizar os transportes públicos da cidade.

Em pouco tempo dentro da empresa, João Augusto foi se desenvolvendo e se disponibilizando para novos aprendizados. Acolhia os desafios e obtinha bons resultados. Logo passou a trabalhar internamente em serviços administrativos da empresa. A Civil Master é uma empresa de Engenharia que João Augusto disse ter gostado muito de trabalhar, e que, se não fosse o sonho de sua mãe, talvez ele tivesse feito uma faculdade de Administração, ou Engenharia, para seguir fazendo carreira lá.

Dentro da empresa, ele recebia o incentivo de colegas e chefes diretos para investir nisso. Mas Elildes, mãe de João Augusto – Chef João Diamante –, queria, realmente sonhava, que o filho entrasse para o serviço militar e construísse uma carreira.

Aos 17 anos, após um período de três anos na Civil Master, João Augusto se alistou na Marinha do Brasil, foi convocado para prestar serviço militar e deixou o emprego para tentar realizar o sonho da mãe.

Paralelamente a sua entrada na Marinha, a realização desse sonho de Elildes, veio em seguida outra notícia que trouxe celebração e preocupação a toda a família. João descobriu que ia ser pai.

"Minha filha foi uma das melhores coisas que aconteceram na minha vida. Eu acho que a maturidade que eu tenho hoje (...) vem muito desse baque, desse susto que eu levei na minha adolescência, de ter uma filha ainda muito novo. 'Agora, João, é sério. Você tem alguém por quem se responsabilizar'", refletiu João Diamante.

Apesar de inesperada, a paternidade transformou João Augusto. Ele estava na Marinha e atravessando mais um término de namoro quando começou a se relacionar com Eukercia. A notícia o abalou muito. Ele estava vivendo um momento importante da vida e sabia que, a partir daquele momento, uma responsabilidade diferente de todas que ele já conhecia se apresentaria em sua vida.

Contando com todo o apoio da família, especialmente da mãe, João Augusto, mesmo não tendo planos de uma vida amorosa com Eukercia, entendeu e assumiu um compromisso com ela para toda sua vida: cuidar de Thawanny Eloísa.

Thawanny Eloísa nasceu no dia 30 de dezembro de 2009, quando João tinha 18 anos. João falou que naquele momento soube que estava deixando a infância e a adolescência para trás e se tornando um homem.

"Isso separou muito o João adolescente do João adulto. (...) Eu ainda era muito imaturo. Deixava a vida me levar. Quando veio minha filha, tive que ganhar uma maturidade como ser humano, como homem, de forma acelerada. Foi um momento fundamental na minha vida, para me transformar no João que eu sou hoje", compartilhou João Diamante.

E para enfrentar a vida dali pra frente, como o homem que ele queria ser, João Augusto só pensava em uma pessoa ao seu lado.

CAPÍTULO 5

Diamante é demonstração de amor

Nos capítulos anteriores vocês conheceram duas mulheres muito importantes na vida do Chef João Diamante – sua mãe, Elildes, e sua filha, Thawanny Eloísa. Mas elas não são as únicas. João, com seu jeito de ser, encontrou pessoas superespeciais ao longo de sua história até aqui. Pessoas que mesmo não seguindo com ele o admiram e o respeitam. Assim como pessoas que, quando o conheceram, não tinham ideia do caminho que construiriam com ele, mas de alguma maneira sabiam que suas histórias estavam entrelaçadas.

Como prometido no capítulo anterior, este capítulo está reservado para falar de uma história de amor que começou com conversas no MSN. Nada de conto de fadas. História real, da vida e dos encontros que ela oferece a cada um de nós. De qualquer maneira, até poderia começar com: "Era uma vez...". Mas é melhor algo que nos aproxime mais dessa bonita realidade do amor.

Embora tenham crescido na mesma comunidade, Nova Divineia, no Complexo do Andaraí, eles não foram amigos na infância. Enquanto João Augusto, o Gutinho, como era conhecido entre os amigos, estava sempre brincando pela comunidade, ela ficava mais em casa.

Apesar desse desencontro na infância, João Augusto, que conhecia todo mundo na Divineia, não deixou escapar do seu olhar as poucas vezes que a viu na adolescência. Seu interesse em conhecê-la já havia despertado quando ele fez sua conta na rede social da época, o MSN. E, de amigo em amigo, conseguiu descobrir o nickname dela.

Depois, como disse no outro capítulo, João Augusto aproveitou a rede social para se apresentar a ela.

Quando esse flerte começou, ambos não tinham computador em casa. Stephanie ia para a casa do tio para acessar a rede social do computador dele, enquanto João economizava dinheiro para ir às lan houses – espaços que cobravam pelo uso da internet.

Infelizmente eles não lembram qual era o nickname que Stephanie usava no MSN, mas ela acredita que deve ser algo relacionado ao apelido que tinha entre os amigos naquela época – Tete. Porque Stephanie tem certeza de que o e-mail de que ela lembra, stephanie.diamond@hotmail.com, só foi criado depois que eles começaram a se relacionar. Mas isso é apenas um dado à parte, uma curiosidade, que não impede de seguir com a história. Vamos em frente.

Mesmo depois de muito bate-papo na rede social, os dois não marcaram um encontro para se conhecer pessoalmente. Mas o encontro aconteceu.

A comunidade da Divineia fica localizada no Complexo do Andaraí e Grajaú, bairros da Grande Tijuca, no Rio de Janeiro. Nessa região há vários clubes sociais. Naquela época, esses clubes promoviam matinês – baladas para adolescentes entre 14 e 17 anos que aconteciam durante a tarde. E tanto João quanto Stephanie, sempre que conseguiam guardar um dinheirinho, frequentavam a matinê do Grajaú Tênis Clube. Então, no dia 29 de abril de 2006, teve matinê e eles se encontraram pela primeira vez.

Stephanie disse que nunca tinha visto João pessoalmente antes desse dia. Já João disse que conhecia Stephanie de vista. Eles não sabiam, mas tinham um amigo em comum, o Francisco. Era ele, o Francisco, que estava acompanhando João naquela matinê. Quando João viu o amigo cumprimentando Stephanie, não perdeu tempo. Rapidamente se aproximou, se apresentou e demonstrou interesse em conquistá-la.

Apesar do calor, João usava um casaco branco, e Stephanie disse que brincou com ele falando que se sentisse frio saberia a quem recorrer. João achou que aquela brincadeira de Stephanie tinha sido uma brecha para ele, uma resposta a sua demonstração de interesse nela. Mas ele estava enganado. Stephanie era (ainda é) uma pessoa muito brincalhona. O comentário de Stephanie foi mesmo uma zoação. Aquele rápido contato no início da matinê não despertou nenhum interesse dela em relação ao João. Stephanie estava ali para curtir a matinê.

E João, mesmo interessado nela, também não estava ali apenas para isso. Saiu com os amigos para se divertir. E, aos poucos, percebendo que Stephanie não correspondia às suas tentativas, voltou-se para o seu grupo de amigos.

Stephanie também estava acompanhada, com a amiga Hannah, e continuou aproveitando a tarde de balada. Foi, assim, de repente, no mesmo ambiente de diversão, que Stephanie observou João dançando e se divertindo muito com os amigos, e algo ali naquele movimento dele chamou sua atenção.

Stephanie contou que sempre gostou de pessoas divertidas, de bem com a vida, de alto-astral. E perceber que João era assim despertou instantaneamente o interesse dela.

Então, João, que não havia se desligado dela na matinê, estava somente respeitando a vontade de Stephanie, como todos os homens deveriam fazer quando uma mulher diz não, voltou a se aproximar e perguntou se Stephanie não queria dançar com ele.

Ela aceitou o convite.

Os dois se divertiram a noite inteira e acabaram ficando juntos pela primeira vez.

"Ele gosta muito de conversar, de falar... Eu lembro que nesse encontro ele falou mais que me beijou", lembrou Stephanie sorrindo.

Depois desse primeiro encontro, quando eles ainda tinham 14 anos, eles não se desgrudaram mais. Falaram-se ao telefone (sim, isso ainda era comum no início dos anos 2000), saíram juntos para rodízios de comida, conversaram pelo MSN, foram ao cinema... Namoraram bastante.

Mas, como é comum entre jovens, o namoro teve suas idas e vindas. O casal se encontrou e desencontrou algumas vezes, até entenderem que queriam seguir juntos. E chegar a esse entendimento não foi fácil para ambos.

O desafio maior foi amadurecer individualmente e, ao mesmo tempo, amadurecer a relação que estavam construindo. E, como Stephanie costuma falar, foi tudo muito orgânico. Eles foram aprendendo a acompanhar e a apoiar o crescimento um do outro.

Os pais de Stephanie sempre fizeram o possível para que ela se preocupasse apenas com os estudos. Então, ela não precisou trabalhar cedo. Pôde estudar primeiro, até chegar ao Ensino Médio e prestar vestibular. Enquanto isso, João já se dividia entre a escola e o trabalho há algum tempo.

Assim, com mais disponibilidade, ela o ajudava nas tarefas escolares que eram feitas em casa.

Até entrar para a Marinha e ver a profissão de cozinheiro como uma possibilidade de carreira, João Augusto não tinha escolhido uma carreira a seguir. Ao contrário de Stephanie, que já se preparava para concorrer a uma vaga de estudante de Comunicação Social, com ênfase em Jornalismo.

Mesmo seguindo por caminhos diferentes, eles seguiam juntos. Juntos mesmo. Cada um construindo e aproveitando seus caminhos, e cuidando um do outro para fortalecer o caminho que desejavam ter juntos. Era desse jeito que eles seguiam, e seguem ainda hoje, cuidando de seus sonhos individuais e coletivos.

Quando teve a ideia do projeto Diamantes na Cozinha, João Augusto estava na França, ainda em seu estágio com o Chef Alain Ducasse. Entre uma aula de francês e uma folga, ele rascunhava suas ideias e trocava com Stephanie. Ela, aqui no Brasil, acolhia a ideia desse sonho de João e também começava a participar e sonhar com ele. Stephanie lia o que ele escrevia e se disponibilizava para corrigir seus escritos e também opinava sobre o projeto.

Não tinha distância capaz de separar os dois. Pelo contrário, nessa dinâmica que eles criaram de trocar, dividir e compartilhar os seus sonhos, a distância diminuía os quilômetros que os afastavam naquele momento.

Mas a saudade era grande. Então, eles se organizaram para amenizá-la.

Paris! A cidade dos casais apaixonados estava pronta para receber Stephanie. João Augusto ainda mais. Pronto e ansioso por esse reencontro. Ele já estava sozinho no inverno de Paris há alguns meses quando ela chegou e ainda tinha uma jornada a cumprir antes de retornar ao Brasil.

Receber a namorada foi um respiro profundo naquele momento importante e dificílimo que João Augusto estava vivendo na Cidade Luz.

A presença de Stephanie representava muito mais que o amor da vida dele chegando àquela cidade romântica. Stephanie representava também um pedacinho de sua família por perto, pela primeira vez, depois daqueles meses de muito trabalho e dedicação.

Em outro capítulo, vocês saberão mais detalhes sobre essa jornada do chef na cozinha de um dos restaurantes mais famosos de Paris.

Por agora, experimentem fechar os olhos e imaginar o que sentiram aqueles dois jovens da comunidade da Nova Divineia vivendo parte de sua história em Paris.

É impossível sentir o que eles sentiram. Tampouco é possível relatar esse sentimento. Para dois jovens, nascidos e criados em comunidade, o que aconteceu com João Augusto e Stephanie no início dos anos 2000 é inacreditável. Mas é real. Aconteceu.

Inclusive, vale aqui abrir um parênteses e dizer que a implementação de políticas públicas afirmativas é fundamental para tornar uma experiência como essa, vivida por João Augusto e Stephanie, e também outras experiências de acesso e oportunidades, crível para todos.

Sabemos que a maioria dos jovens moradores de comunidades periféricas do Brasil é negra, como João Augusto, e precisa dessas políticas afirmativas e dessas reparações para que tenham o direito a sonhar e realizar seus sonhos. Sonhos dos quais muitas vezes eles sequer conseguem se aproximar.

Embora, naquele momento, a viagem a Paris não tenha sido uma viagem de lua de mel, a magia do amor estava neles. Foi vivida por eles em Paris. Pode acreditar que eles penduraram um cadeado do amor deles na Pont des Arts, que eles caminharam de mão dadas à beira do rio Sena, e tiraram fotos com a Torre Eiffel ao fundo, tanto de dia quanto à noite, fizeram piquenique nos Jardins de Luxemburgo e dançaram sozinhos, sem música, dentro de alguma estação de metrô.

Mas Paris logo ficou pequena para o tanto que eles sonhavam.

Stephanie tinha que voltar para terminar a faculdade e João Augusto para executar o projeto da sua vida – Diamantes na Cozinha.

De volta ao Brasil, dando continuidade à suas vidas, individual e coletivamente, o casal foi crescendo e se desenvolvendo cada vez mais próximos um do outro.

Com a repercussão do nome de João Diamante na matéria no jornal *O Globo*, quando trabalhava no restaurante Fazenda Culinária, da Chef Flávia Quaresma, a agenda de entrevistas e participações começou a crescer. Surgiu uma necessidade real de organizar tudo isso, e Stephanie, mesmo sem ter experiência anterior com esse tipo de trabalho, começou a fazer tudo do que o João precisava para atender melhor àquela oportunidade que surgiu.

O trabalho e a vida do casal iniciavam "oficialmente" ali a sua mistura.

Stephanie sempre acompanhou João na sua trajetória. Participava com ele dos eventos, o visitava no período de faculdade, nas aulas que João ministrava em eventos gastronômicos. Porque mesmo informalmente ela estava fazendo uma assessoria ao João. Contudo, ainda era vista e apresentada somente como a namorada do João Diamante.

Existe um ditado antigo, e machista, que diz que "por trás de um grande homem existe sempre uma grande mulher". As mulheres não estão por trás dos homens há muito tempo. Não é de hoje que as mulheres estão em luta para serem respeitadas como seres humanos de competências e capacidades diversas.

Bertha Lutz foi uma ativista brasileira pioneira na luta pelos direitos das mulheres. Entre o tanto do que ela fez para que nós, mulheres, tivéssemos direitos fundamentais garantidos, pode-se afirmar que as questões de gênero são um legado dela. Foi ela a responsável pela inclusão do discurso de igualdade de gênero na Carta da ONU em 1945.[20]

Por isso, já é tempo de olhar para as mulheres como pilares da nossa sociedade. É com esse olhar de admiração e respeito que João Augusto vê Stephanie Parreira.

> "Ele é um homem que me levanta. Sempre foi. Ele me admira... Tenho minhas inseguranças, e ele sempre foi a pessoa que estava ali me apoiando, me incentivando desde o começo", disse Stephanie Parreira.

Apesar do trabalho como assessora de João ter acontecido naturalmente na vida dela, como todo profissional, Stephanie sentiu necessidade de se especializar e foi em busca de mais conhecimento sobre o que aprendeu fazendo. Depois de muito buscar algo bem específico para esse trabalho, matriculou-se na pós-graduação em Jornalismo Gastronômico da Facha.

Esse cuidado profissional que Stephanie tem com o seu único e exclusivo cliente, o Chef João Diamante, é tão grande e intenso quanto o que ela tem com o seu marido, companheiro de vida, João Augusto.

Do mesmo modo, o Chef João Diamante confia profundamente sua carreira à sua única e exclusiva assessora, respeitando e entendendo que as decisões dela são as melhores para ele.

Assim, eles vieram caminhando juntos até aqui. João e Stephanie entenderam cedo o que o autor Renato Nogueira escreve em seu livro *Por que amamos*:

> "Nessa permanente aprendizagem, nossos amantes são como espelhos profundos, que mostram algo que não enxergaríamos se vivêssemos a sós. Ninguém seria capaz de olhar os próprios olhos sem a ajuda de um espelho. (...) Amar exige apoiar e ser apoiado por outras pessoas, inclusive os ancestrais."[21]

É difícil não ser clichê contando uma história assim.

---

[20] Fonte: https://agenciadenoticias.uniceub.br/destaque/45-anos-sem-bertha-lutz-quem-foi-a-cientista-e-ativista-revolucionaria/. Acesso em 15 ago. 2023.
[21] NOGUEIRA, Renato. *Por que amamos*. Rio de Janeiro: Harper Collins, 2020. p. 33.

O diamante que na história desse livro tem letra maiúscula e virou nome e sobrenome de João Augusto também poderia aparecer aqui nessa mesma história como uma joia oferecida para demonstração de amor. Mas esse casal é um casal diamante. São a própria joia um para o outro.

TERCEIRA RECEITA

Um menu completo para Stephanie.

Entrada: Carpaccio de abobrinha

Rendimento: 2 porções

Ingredientes:

200g de abobrinha italiana

70g de supreme de laranja-baía

30g de queijo canastra meia cura em lascas

50g de mostarda Dijon

5ml de mel

30ml de azeite

15g de cebolinha

Limão-siciliano (10g de raspas e 10ml do suco)

Folhas de coentro

Broto de coentro

Modo de preparo:

1. Higienize as abobrinhas. Após a higienização, corte as abobrinhas usando um fatiador ou uma faca na diagonal, formando fatias finas. Salpique sal levemente e deixe repousar para fazer suar. Lave e seque suavemente cada abobrinha fatiada. Reserve.

2. Em um bowl, misture o azeite, o suco do limão, a mostarda e a cebolinha. Bata bem com o auxílio de um fouet, criando uma emulsão. Ajuste sal e pimenta-do-reino. Reserve.

3. Em um prato, coloque as fatias de abobrinha levemente sobrepostas.

4. Prepare as laranjas supreme.

5. Regue as fatias de abobrinha com o molho. Depois, arrume os supremes de laranja, o queijo meia cura e as raspas de limão-siciliano.

[CONTINUA]

6. Finalize com folhas de coentro rasgadas à mão, brotos de coentro e um toque de mel.

7. Se necessário, ajuste sal e pimenta.

*Laranja supreme
Esse é o nome do tipo de corte feito na laranja em que se tira toda a casca e fica apenas o gomo. Esse tipo de corte deixa a laranja apresentável e fica ótimo em empratamentos em que ficará visível.

Prato principal: Bife ancho

Rendimento: 1 porção

INGREDIENTES TOTAIS DA RECEITA:

200g de bife ancho	6g de tomate confit[23] picado	Sal e pimenta-do-reino a gosto
100g de manteiga de garrafa derretida	50ml de azeite de confit	150g de batata frita
20g de cebola-roxa em conserva picada[22]	30ml de azeite	80g de farofa de alho e tomilho[24]
10g de maxixe branqueado cortado em cubos pequenos	1 gema de ovo	
	½ limão (suco)	
10g de cebolinha picada	30ml de azeite	

[22] Esta receita está no capítulo 15 do livro.
[23] Esta receita está no capítulo 15 do livro.
[24] Esta receita está no capítulo 15 do livro.

Molho béarnaise

Ingredientes:

100g de manteiga de garrafa derretida

20g de cebola-roxa em conserva picada

10g de cebolinha

1 gema de ovo

Modo de preparo:

1. Em um bowl, adicione metade da cebola em conserva, cebolinha e a gema de ovo e bata bem com o fouet.

2. Despeje lentamente, em fio, a manteiga de garrafa derretida e bata até obter uma emulsão cremosa. Reserve.

Vinagrete de maxixe

Ingredientes:

10g de cebola-roxa em conserva picada

10g de maxixe branqueado cortado em cubos pequenos

6g de tomate confit picado

50ml de azeite de confit (azeite do preparo do tomate confit)

Modo de preparo:

1. Higienize os maxixes, retire os espinhos e corte em cubos. Em uma panela, coloque água para ferver. Assim que a água ferver, coloque os maxixes por dois minutos na panela para cozinhar. Com o uso de uma escumadeira, transfira os maxixes para um bowl com água e gelo por dois minutos (isso é o branqueamento[25] do maxixe). Retire e coloque em uma peneira para escorrer. Reserve.

2. Em um bowl, coloque o maxixe, a cebola em conserva e o tomate confit, mexa e acrescente o azeite confit e o suco de limão. Ajuste sal e pimenta-do-reino. Reserve.

---

[25] O maxixe branqueado também pode ser congelado por aproximadamente seis meses.

Batata frita

Ingredientes:

Batata asterix

Água filtrada

Óleo para fritar

Sal a gosto

Modo de preparo:

1. Higienize as batatas. Descasque e corte a batata em palito. Coloque de molho em água filtrada.

2. Em uma panela funda, aqueça o óleo em fogo médio.

3. Escorra e seque as batatas.

4. Frite até que fiquem douradas. Retire as batatas com o auxílio de uma escumadeira e escorra em uma peneira.

5. Adicione sal a gosto.

Bife ancho

Ingredientes:

200g de bife ancho

Azeite

Sal e pimenta-do-reino a gosto

Modo de preparo:

1. Seque o bife ancho e tempere com sal e pimenta-do-reino.

2. Em frigideira ou chapa bem quente com pouco azeite, grelhe rapidamente o bife até obter ponto pouco passado.

3. Repouse o bife para manter a suculência. Reserve.

--- *Empratamento* ---

Em um prato raso, posicione a farofa (veja a receita de **Farofa de tomilho** no capítulo 15), as batatas fritas e o vinagrete de maxixe ao lado do bife ancho. Escolha uma pequena cumbuca para o molho béarnaise. Ele deve ser servido à parte.

Sobremesa: Mousse de chocolate com crumble de castanhas-do-pará

Rendimento: 4 porções

INGREDIENTES TOTAIS DA RECEITA:

350ml de creme de leite fresco

100g de chocolate 70%

20g de castanha-do--pará, castanha-de--caju ou amendoim (sem casca) triturada em pedaços grandes

20g de manteiga com sal em temperatura ambiente

20g de farinha de trigo

30g de açúcar refinado

3g de sal

Mousse de chocolate

Modo de preparo:

1. Corte o chocolate em pedaços pequenos e coloque em um bowl médio.

2. Leve este bowl ao micro-ondas e derreta aos poucos colocando 20 segundos até que o chocolate derreta por completo.

3. Aqueça 100ml de creme de leite fresco e misture ao chocolate. Mexa bem até virar uma ganache, um creme bem homogêneo de chocolate.

4. Em outro bowl, coloque o restante do creme de leite fresco gelado e bata com fouet, ou batedeira, até ficar com uma textura de chantilly.

5. Acrescente duas colheres de sopa do creme de leite batido no chocolate derretido e mexa até incorporar essa mistura.

6. Em seguida, misture delicadamente o restante do creme de leite batido com uma espátula, sempre de baixo para cima, para agregar ar na preparação, ajudando a mousse ficar aerada e bem leve.

7. Coloque a mousse nas taças de sobremesa onde serão servidas, cubra as taças com plástico-filme e leve à geladeira por aproximadamente duas horas.

Crumble de castanhas (do-pará, caju ou amendoim)

Modo de preparo:

1. Em um bowl, coloque a castanha, a farinha de trigo, a manteiga, o açúcar e o sal e misture com a ponta dos dedos bem delicadamente até formar uma farofa úmida.

2. Coloque em um tabuleiro e leve ao forno a 180°C por 20 minutos. De 5 em 5 minutos, abra o forno e misture tudo, até ficarem dourados uniformemente.

3. Retire e coloque em um bowl aberto para poder esfriar e ficar crocante. Reserve.

— Empratamento —

Retire a taça da geladeira e coloque o crumble por cima, a quantidade que cobrir a taça, e sirva!

CAPÍTULO 6

O reconhecimento do Diamante

João Augusto ingressou no serviço militar em 2010, atendendo à obrigatoriedade que todo jovem brasileiro, do sexo masculino, tem a cumprir no ano em que completará 18 anos de idade. Mas, além desse dever de cidadão, ele tinha um compromisso maior: realizar o sonho de sua mãe. Elildes sonhava com a carreira militar para o filho.

> "O sonho da minha mãe era que eu fosse militar da Marinha do Brasil. Porque meu tio era militar também. Além de ela achar uma profissão linda, ela achava segura. Segura em todos os aspectos: financeiro, social... Eu estaria resguardado em tudo isso como servidor público militar", disse João Diamante.

O sonho da mãe de João Augusto é um sonho compartilhado pela mãe de muitos jovens, especialmente nas classes economicamente mais baixas. Todos os direitos básicos garantidos pela Constituição Federal do Brasil, quando chegam a esses jovens, demoram a chegar. A educação é um dos primeiros direitos que esses jovens deixam de lado para tentar garantir outros direitos básicos, como alimentação e saúde. Eles, em geral, largam a escola para trabalhar e ajudar a prover o sustento de suas famílias.

Cientes de suas realidades, muitos dos responsáveis por esses jovens, especialmente as mães, veem no serviço militar uma oportunidade que pode atuar nessas duas frentes. Oferecer uma oportunidade de trabalho e também de estudo, já que nesses espaços eles têm a possibilidade de retomada aos estudos regulares e também aos estudos para desenvolvimento de uma carreira interna.

Com o João isso não aconteceu dessa forma redondinha como sua mãe planejou para ele.

Há dentro do serviço militar uma gama enorme de possibilidades de serviço a serem prestados. Não há um lugar definido de trabalho quando eles são convocados para a prestação do serviço militar. João Augusto, por exemplo, que tinha experiência como office boy, poderia ter sido colocado em uma área administrativa dentro do quartel onde servia. Mas o que normalmente acontece é o que aconteceu com João Augusto. Esses jovens são alocados e realocados em diversos setores e quartéis durante o período de alistamento, até que deem baixa ou sigam carreira militar.

Antes de começar a prestação dos serviços à Marinha do Brasil, João Augusto, como todo aspirante conscrito, foi encaminhado para o Centro de Instrução Almirante Alexandrino (CIAA), que fica na Avenida Brasil, para fazer o curso de Marinheiro Recruta. Um curso de formação, de três meses de duração, para os aspirantes a recruta aprenderem sobre a função da Marinha do Brasil e seus direitos e deveres enquanto integrantes dessa instituição.

Depois dessa formação, João foi alocado para servir no Primeiro Distrito Naval, na Praça Mauá, no Centro do Rio de Janeiro, onde ficou por um curto período de tempo – aproximadamente três meses.

De lá ele foi para a Divisão do Primeiro Distrito de Policiamento, onde trabalhou como guarda de policiamento do estacionamento local, principalmente, mas também em acompanhamentos externos na equipe de guarda. Assim como no Primeiro Distrito, João ficou apenas três meses nessa Divisão.

Seu posto seguinte foi na Capitania dos Portos, na Praça XV, também no Centro do Rio de Janeiro. Quando chegou à Capitania, João foi ser mestre de faxina. Suas atribuições incluíam tarefas simples de manutenção e conservação da limpeza do quartel, como limpar banheiro, pintar parede etc. Em pouco tempo, ele trocou de posto. Passou a ser mestre operacional das lanchas, um serviço similar ao anterior, mas específico à manutenção da limpeza das lanchas. Outra tarefa que ser mestre operacional incluía era ser proeiro, um assistente de navegação que fica na proa do barco. Naquele posto, João, como fez em todos os postos por onde já havia servido, também entregou o seu melhor. Procurava fazer suas tarefas com atenção e interesse. Com o seu jeito proativo e comunicativo, foi estabelecendo boas relações de trabalho entre os colegas e seus superiores.

O comandante Bombarda foi uma das dezenas de boas relações que ele criou naquele ambiente de trabalho, apesar de todo o rigor, a disciplina e a formalidade das relações em ambiente militar. Ou talvez, por isso mesmo, por conseguir se relacionar sem deixar de lado o respeito às regras estabelecidas. Assim, João ficou sob o comando de Bombarda por dois anos. Quando soube que o comandante Bombarda estava de saída para assumir outra unidade de trabalho, João pediu a ele uma ajuda para mudar de posto. A intenção dele não era acompanhar o seu comandante. O pedido do João tinha um objetivo particular e bem específico. Ele queria mudar para um posto de trabalho onde pudesse ter um horário de trabalho que lhe permitisse voltar a estudar – ampliar os estudos, fazer uma faculdade. E, para isso, precisava servir em um posto de trabalho com uma possibilidade maior de flexibilização de horário. Com essa ideia na cabeça, João enxergou o rancho como uma boa opção.

Obviamente, seu pedido foi feito com todo o cuidado e direcionamento que a posição que ele tinha na Marinha do Brasil demandava. Para começar, João falou com as autoridades de ambos os locais – de onde estava e para onde queria ir. Naquela época, o rancho era chefiado pelo comandante Décio. Rancho é o termo utilizado no ambiente militar, em todas as Forças Armadas, para denominar o local de alimentação dos militares em serviço. É uma espécie de refeitório em ambiente não unificado, pois o rancho é dividido de maneira hierárquica, ou seja, o local da refeição de cada militar no rancho é definido pela sua patente. Então, cumpridas as devidas formalidades, João conseguiu ser alocado no rancho.

Embora ele ainda não soubesse, naquele momento, quais cursos queria fazer exatamente, em pouco tempo de trabalho no rancho João observou uma constante reclamação dos militares com as refeições que eram servidas. Atento, curioso e observador como ele é, percebeu que também naquele posto poderia se tornar um bom colaborador, fazer a diferença com o seu trabalho no rancho.

Como o seu desejo de estudar e ascender profissionalmente já estava presente, sua primeira atitude foi procurar um curso em que ele pudesse aprender e aprimorar os seus conhecimentos sobre alimentação. Com esse objetivo, João chegou ao curso de formação em Técnico de Nutrição e Dietética. Nesse curso, ele aprendeu sobre composição dos alimentos, segurança alimentar e técnicas operacionais numa cozinha, entre outras coisas.

Esse curso técnico não estava na grade de formação da Marinha, João fez sua inscrição no Colégio Bezerra de Araújo e custeou-o por conta própria. Fez o que eu vou chamar aqui de seu primeiro investimento na sua carreira.

"Na minha vida toda, eu sempre fui uma pessoa que, independentemente da função, da missão, sempre entreguei muito com êxito. Não importa se estava limpando um banheiro, varrendo um quartel ou se estava fazendo uma comida (...). Nunca depreciei nenhuma missão. Sempre quis entregar com excelência.(...) E isso acabou me destacando", afirmou João Diamante.

Foco, determinação e entrega são três palavras que apareceram regularmente nas falas do João durante todas as fases de construção desse livro. Mas, conhecendo todo o rigor e a disciplina exigidos dentro do ambiente militar, é fácil entender por que João, um jovem com esse compromisso de oferecer o melhor que pode no prazo determinado, não passou despercebido por nenhum de seus superiores.

A saída do comandante Bombarda nesse período trouxe para a vida pessoal e profissional do João mais uma pessoa muito importante. Foi uma situação de imprevisto que os aproximou e fez essa pessoa perceber o talento de João para a cozinha e se colocar à disposição para assessorá-lo nesse caminho.

João estava no pátio quando o almirante Cozzolino ordenou que fossem chamá-lo. Sem saber o motivo daquela ordem, voltou ao rancho onde trabalhava, apreensivo, tentando lembrar o que teria feito de errado para que o almirante quisesse falar diretamente com ele. Para sua surpresa, o almirante Cozzolino queria uma ajuda do João. O cozinheiro tirou férias e o almirante, que não fora comunicado dessa ausência, tinha cinco autoridades civis a receber, entre elas o governador do estado do Rio de Janeiro, para um almoço no dia seguinte.

Ao fazer esse comunicado no rancho, contaram a ele que João era quem cozinhava com o chefe da cozinha todos os dias. Então, o almirante Cozzolino não teve alternativa e convocou o João para essa missão. Palavra de ordem: missão dada é missão cumprida.

Às cinco da manhã do dia do almoço lá estava João organizando tudo. Ele conta que às dez da manhã o almoço das autoridades estava garantido. O almoço foi servido e tudo o que João esperava era que o almirante Cozzolino não o chamasse após o serviço.

"Normalmente militar é o seguinte: está bom, segue o barco, se está ruim, eles chamam. E nesse dia eles me chamaram. Aí, eu pensei: pegou. (...) Mas, não. Ele me deu um elogio sucinto na frente dos convidados, mas depois me chamou novamente", relembrou João Diamante.

Daquele dia em diante, o almirante Cozzolino foi praticamente um mentor do jovem João Augusto. Cozzolino ofereceu uma oportunidade de estágio para ele fora do serviço militar, no Iate Clube. Essa experiência de cozinha fora trouxe para João uma prática diferente da que ele vivenciava nos ranchos da Marinha do Brasil e também permitiu que ele tivesse um contato mais próximo com o almirante. João ouvia os conselhos e os encaminhamentos do almirante de maneira muito receptiva. Ele entendia que todo o direcionamento do almirante Cozzolino visava a seu crescimento profissional.

Por sua vez, mesmo entendendo que a realidade de João era outra, que ele tinha uma urgência de melhorar sua condição financeira, o almirante Cozzolino tentava ajudá-lo a manter a tranquilidade e não se afobar apenas por dinheiro, para que João pudesse concluir a sua formação universitária e construir uma bela carreira.

Nessa ocasião, João já tinha dado mais alguns passos na sua carreira militar e nos seus planos de estudos. Ele concluiu o curso de Nutrição, depois voltou ao CIAA para fazer a prova para a patente de cabo e foi aprovado. Em seguida, prestou vestibular e ingressou na faculdade de Gastronomia. Por isso, quando João foi convidado para trabalhar na cozinha do Hotel Othon Palace, recebeu do almirante Cozzolino um conselho que ele não esperava, mas acatou: não aceitar o trabalho.

Cozzolino disse a João que considerava que ainda era cedo para ele aceitar aquela oportunidade, porque havia ainda outras prioridades para João contemplar, especialmente concluir a faculdade.

"Em diversas ocasiões ele me orientou como se fosse um pai (...). Quando eu recebi a proposta para trabalhar no Othon, ele me disse: 'Ainda não é o momento. Você precisa continuar estudando, continuar focado.'(...) Foram orientações muito sábias do almirante Cozzolino", relembrou João Diamante.

Nem sempre os filhos ouvem os conselhos do pai. Mas João ouviu e seguiu o conselho do almirante Cozzolino.[26] Ambos intuíram que havia algo maior a ser esperado desse Diamante.

Eles estavam certos.

---

[26] Esse termo foi usado por opção narrativa. O almirante Cozzolino não é pai biológico de João Diamante.

João continuou trabalhando na Marinha, cursando a faculdade de Gastronomia e aproveitando todas as oportunidades de estágio e trabalho na sua área sem comprometer a sua formação acadêmica.

Ele teve ainda mais dois anos na Marinha do Brasil antes de aceitar a oportunidade que o colocaria diante de uma das escolhas mais difíceis da sua vida.

Mas, até esse dia chegar, ele foi alocado em outros postos na Marinha do Brasil, sempre no município do Rio de Janeiro e nos ranchos desses postos. Seu talento a essa altura estava revelado a ele e a todos que tinham experimentado sua comida. Isso fez com que João passasse boa parte de sua vivência na Marinha do Brasil, de 2012 a 2015, cozinhando para autoridades.

Paralelamente a sua carreira militar nos ranchos, ele foi encontrando espaço, e tempo, para investir no seu crescimento profissional. Em 2013 conseguiu um estágio no restaurante L'Atelier du Cuisinier. Um restaurante francês comandado pelo Chef David Jobert, que funciona num belo casarão de 1883, no centro do Rio de Janeiro. Na equipe de Jobert, João teve a oportunidade de aprender mais sobre as técnicas da cozinha francesa e a valorização dos alimentos.

Além do estágio, sempre que podia, João aceitava convites para fazer eventos de Gastronomia, conciliando seus horários de cabo na Marinha do Brasil e estagiário de um restaurante.

Até que apareceu uma oportunidade impossível de conciliar, e, finalmente, João teve que escolher o rumo que daria a sua carreira daquele momento em diante. João optou por encerrar sua carreira militar, dando baixa na Marinha do Brasil em 2015, após cinco anos de serviços prestados.

"Será que ele está fazendo tudo isso que um dia eu tive um sonho e não fiz? Ou será que ele está fazendo por conta dele próprio? (...) Era meu sonho ele seguir a Marinha. Só que ele ficou até um período, depois ele meteu o pé e foi embora. Esse seria meu sonho. Mas, tudo bem, respeito", confessou Elildes, mãe de João Diamante.

CAPÍTULO 7

A primeira viagem do Diamante

A Universidade Estácio de Sá, onde João cursou a faculdade de Gastronomia, através do Fundo de Financiamento Estudantil (Fies), tinha uma parceria internacional e chancela de treinamento com a Alain Ducasse Formation (ADF), atual École Ducasse, um dos mais importantes centros de formação em Gastronomia da França, responsável pela preparação de chefs reconhecidos mundialmente.

Na época em que João foi aluno lá, a Estácio era a única instituição da América Latina que tinha essa chancela, o que dava aos seus alunos a possibilidade de aprendizado direto com profissionais habilitados pela ADF. Além desse contato regular com os professores da universidade, os alunos recebiam aulas avulsas de chefs convidados pela faculdade de Gastronomia. Profissionais como Flávia Quaresma e David Jobert são alguns dos nomes com quem os alunos tiveram a oportunidade de aprender e trocar experiências.

A turma do João na faculdade era muito bem-vista por esses profissionais. Não à toa, saíram dessa turma três jovens talentos para uma oportunidade de estágio em restaurantes do Chef Alain Ducasse.

"Diversidade, autenticidade e naturalidade. Pelo menos este é o lugar para onde eu espero que a cozinha vá. E é nesse sentido que concentro todos meus esforços",[27] disse o Chef Alain Ducasse.

Foi a primeira vez que o Chef Alain Ducasse ofereceu uma oportunidade dessa natureza para alunos da faculdade de Gastronomia daquela instituição. E, para isso, coube ao coordenador do curso escolher três alunos que se destacavam. O primeiro a ser convidado foi Luiz Malta.

Luiz soube que, além da vaga que foi oferecida a ele, havia mais duas vagas. Então, aproveitou para falar de um colega de turma que fazia estágio com o Chef David Jobert, o João Diamante. Luiz Malta sabia que o seu coordenador e o Chef David Jobert eram muito amigos, e isso facilitaria a apresentação da competência do João para aquela segunda vaga. E, de fato, isso foi fundamental.

Luiz conheceu João quando trocou de campus na faculdade. Logo que chegou à nova turma, fez amizade com João. Luiz Malta disse que, quando ele chegou, os grupos já estavam formados, e ele acabou se juntando àquele grupo, que a gente poderia chamar de "coração de mãe", mas acho que cabe melhor nomear, como fez Luiz, de "patota da bagunça".

Um dos mais bagunceiros, no melhor sentido da palavra, era o João, que o acolheu prontamente. Houve entre eles uma afinidade imediata por suas origens. Luiz Malta é também um imigrante nordestino, do Recife, no Rio de Janeiro. Ele chegou em condições e momento bem diferentes do João, mas mesmo assim a identidade os aproximou.

Ambos queriam se fazer presentes onde se é visto.

A diferença de temperamento entre os dois era motivo de brigas e de aproximação. Luiz era mais teórico, centrado, e João, mais prático, visionário. E assim, nas diferenças e nas semelhanças, a amizade foi fluindo. Mas o que selou a confiança dessa amizade foram dois episódios inusitados de necessidade de ajuda de um para outro.

Luiz tinha comprado um sofá para sua casa e, por ser novo na cidade, pediu uma recomendação a João para encontrar alguém que pudesse fazer o serviço de entrega do sofá para ele. João disse a Luiz que ele mesmo ia fazer isso para o amigo, e Luiz, mesmo desconfiado, aceitou. No dia combinado, Luiz deu uma saída rápida, e, quando retornou, o sofá estava na sala. Sua namorada contou que João chegou com o sofá num carro dirigido por um amigo e ele mesmo subiu sozinho com o sofá. Luiz ficou incrédulo com a situação

---

[27] Leia mais em: https://vejario.abril.com.br/comer-e-beber/o-chef-frances-alain-ducasse-desembarca-no-rio/. Acesso em 15 ago. 2023.

e foi perguntar a João quanto tinha custado o serviço. João respondeu que não era nada naquele momento, mas que um dia Luiz ia poder retribuir.

João tinha razão. Alguns meses depois, ele foi convidado para realizar um casamento em Nova Iguaçu e precisava de alguém para ajudá-lo nessa missão. Então, convidou o amigo Luiz, que mal conhecia o Rio de Janeiro, e tampouco imaginava onde era Nova Iguaçu, mas aceitou o convite. Viu naquele convite uma oportunidade de finalmente poder retribuir o que João tinha feito por ele. Era uma festa de casamento para 100 pessoas e o local não tinha uma infraestrutura de cozinha completa, como eles estavam acostumados nas cozinhas onde estagiavam. Apesar do desespero inicial, eles conseguiram se organizar e a festa foi um sucesso.

Com o jogo empatado até aquele momento, eles seguiram na amizade.

Naquela festa de casamento, aqueles dois amigos, estudantes de Gastronomia, fizeram um ensaio, uma pequena prova de fogo, para se preparar para o que seria o primeiro grande desafio de suas carreiras – participar de um programa de estágio nos restaurantes do Chef Alain Ducasse.

Quando o convite para o estágio na França, com um dos mais respeitados chefs do mundo, chegou para João, ele estava construindo sua carreira na Marinha do Brasil – era cabo, estagiava no restaurante L'Atelier du Cuisinier e era pai da Lola.[28] Essas foram as três condições com as quais ele teve que lidar a princípio. Mas não parou por aí.

A condição financeira que João havia conquistado até aquele momento era equivalente a de uma família de baixa renda – classe C, para utilizar a nomenclatura atual. Com essa renda, ele sustentava sua família – mãe, irmã e filha. E isso era muito mais do que ele esperava, se considerarmos as expectativas reais de um jovem negro de 19 anos.

João estava vivo, trabalhando, cursando nível superior e com uma oportunidade profissional superseletiva batendo à sua porta. Para aceitar essa oportunidade ele teria que renunciar à condição financeira que havia conquistado por uma pequena bolsa de estudo que, com muito esforço, garantiria apenas algumas de suas necessidades básicas para viver na França. Para aceitar essa oportunidade, ele teria que viver longe da filha, da namorada, da mãe e da família. Para aceitar essa oportunidade, ele teria que aprender o básico de francês, pois não era fluente em inglês. Para aceitar essa oportunidade, ele teria que adquirir roupas adequadas às condições climáticas da França naquele período de chegada – inverno. Para aceitar essa oportunidade, ele teria que deixar de colaborar financeiramente com as des-

---

[28] Apelido da filha de João Diamante – Thawanny Eloísa.

pesas da filha. Para aceitar essa oportunidade, ele teria que encontrar um lugar para morar em Paris. Para aceitar essa oportunidade, ele teria que...

Foram muitos os senões.

João aceitou. Para a surpresa de muitas pessoas que conviviam com ele. Para a alegria de muitas pessoas que confiavam em seu talento e nas suas escolhas, especialmente a namorada, Stephanie Parreira; a mãe, Elildes; e a Chef Flávia Quaresma. Stephanie garantiu que o ajudaria a qualquer distância. Elildes fez um crediário para comprar roupas de frio para ele e garantiu que ajudaria nas despesas com a neta, Thawanny Eloísa. Flávia Quaresma deixou seu contato e disse que ele podia procurá-la quando voltasse.

A primeira iniciativa de João após aceitar o estágio foi procurar uma professora de francês para aprender o básico da língua e conseguir se comunicar na sua chegada. Durante as aulas, João compartilhou com a professora Lucy Tie sua dificuldade para encontrar moradia a baixo custo em Paris, onde faria o estágio. Luiz Malta, seu amigo, foi com a namorada, com quem já morava no Rio de Janeiro, e Márcio Reis, o terceiro aluno desse trio seleto, faria estágio em outra cidade. Por isso, João não tinha com quem dividir essa despesa de moradia.

Lucy Tie disse a ele que conhecia uma senhora que costumava alugar espaço para brasileiros em sua residência e que colocaria João em contato com ela. Ele conseguiu a moradia e mais tarde descobriu que essa moradia também foi "casa" para uma pessoa muito especial em sua vida quando ela fez um intercâmbio na França. Mais adiante, essa história será contada.

Aos poucos, tudo foi se ajeitando para que João pudesse seguir da maneira mais tranquila possível para essa oportunidade.

O posto de trabalho para o qual João foi direcionado para realizar seu período de estágio foi o restaurante Le Jules Verne, que era comandado pelo Chef Alain Ducasse. O restaurante fica no segundo andar da Torre Eiffel, em Paris. Com vista fantástica, a uma altura de 125 metros, o restaurante é considerado um dos mais incríveis e cobiçados restaurantes de Paris, especialmente por turistas.

Naquele luxuoso e tradicional endereço de Paris, João iniciou sua segunda experiência com a Gastronomia francesa. Dessa vez, no berço da Gastronomia mundial, mentoreado pela equipe de um dos maiores nomes da Gastronomia francesa, o Chef Alain Ducasse.

Cada minuto vivido nessa experiência transformou João.

> "A cozinha assemelha-se à pessoa que a cria, reinventa e embeleza à medida que os dias e as estações passam, pondo nela o melhor de si próprio", disse Alain Ducasse.[29]

Ele entregou nesse estágio o seu melhor, como faz em tudo na sua vida.

Mesmo tendo que lidar com situações difíceis no seu dia a dia, como pouco recurso para sua própria alimentação, João não desistiu. Ao contrário, foi buscando soluções para minimizar tudo que poderia atrapalhar sua jornada. Luiz Malta lembrou que João contou a ele que fazia suas compras de casa em um supermercado mais afastado dos grandes centros de Paris para o dinheiro que tinha para sua alimentação do mês render mais. Ele disse que eles pedalavam cerca de 20 km para chegar ao mercado "mais baratinho" e que João dispunha apenas de 200 euros para suas compras do mês. Luiz acrescentou que, mesmo com toda a restrição que ele tinha, a casa de João ainda era mais bem abastecida que a dele, que dispunha de mais recurso financeiro.

Havia uma consciência em João do que a sua presença e a oportunidade naquele local significavam para sua família, seus amigos e todos que ele representava como um jovem negro e periférico do Brasil. Arrisco escrever aqui que deve ter sido esse inconsciente consciente dele que o alimentou de resiliência e coragem para continuar quando tantas barreiras conspiravam para a sua desistência.

Os bastidores do trabalho em uma cozinha de restaurante, especialmente em restaurantes de excelência, não têm o glamour que o salão e os pratos ostentam. É um trabalho pesado. Exige força física, mas também demanda delicadeza. Exige concentração, mas também demanda agilidade. Exige perfeição, mas também demanda entrega.

> "Eu acho que o somatório de experiência que o João teve na vida (...), ter trabalhado cedo, ter feito parte de projetos sociais, ter ido para Marinha. Eu acho que isso trouxe um somatório pra ele, uma maturidade de entender como deveria agir, o que fazer para conseguir as coisas...", afirmou Luiz Malta.

De fato, João tinha em sua bagagem uma vivência anterior que contribuiu muito para que ele tivesse mais resistência a algumas dificuldades. No que se refere à cozinha, sua experiência nas cozinhas da Marinha do Brasil foi

---

[29] Livre tradução de *Le mot du chef*: "La cuisine ressemble à celui qui la crée, la réinvente et l'embellit au fil des jours et des saisons, y mettant le meilleur de lui-même". Alain Ducasse em: https://www.ducasse-paris.com/fr/alain-ducasse. Acesso em 15 ago. 2023.

fundamental. Embora nos quartéis o objetivo das cozinhas fosse completamente diferente, a dinâmica de disciplina, hierarquia e respeito é muito similar. Ouvir e entender quem está no comando são apenas alguns desses pontos em comum.

Vale lembrar que a escuta aqui se dava em outra língua. Uma língua nova para João, mas a única que ele tinha naquele momento para se comunicar no seu local de trabalho, no estágio. E nisso ele surpreendeu a todos pelo seu esforço. Inclusive o próprio Alain Ducasse. É impossível não chamar a atenção de um francês uma pessoa que se esforça para falar a sua língua.

João manteve as aulas para aprender francês acontecendo enquanto ele estava por lá, apesar da falta de tempo nesse período de estágio. A jornada do estágio era intensa – muitas horas de trabalho diário.

Em geral, profissionais dessa área têm poucas folgas. O que exige ausência.

No período do estágio no Le Jules Verne, João praticamente não tinha folgas. Luiz Malta contou que era difícil eles se encontrarem. Nem sempre os dias de folga de um coincidiam com os do outro. Geralmente era nas noites de domingo que eles conseguiam se encontrar. Às vezes na casa onde João morou, mas em sua maioria os encontros eram na casa de Luiz. Um desses encontros foi uma festa de aniversário para Stephanie, que foi a Paris encontrar João no final do período de estágio dele.

João Diamante foi o único que levou o estágio até o fim.

A essa altura do estágio, João estava sendo observado por seus superiores diretos e indiretos. Sua dedicação e sua paixão pela Gastronomia reverberaram por todos os cantos da cozinha do Le Jules Verne e logo se espalharam para além da Torre Eiffel, fazendo sua luz ser vista. Deixando a narrativa ficcional de lado, seu excelente desempenho no estágio foi compartilhado por quem trabalhava diretamente com ele e com quem não estava ali no dia a dia daquela cozinha, mas estava sempre buscando novos talentos para seu time na Gastronomia.

Em reconhecimento a seu talento, João Diamante recebeu um convite do Chef Alain Ducasse para permanecer na França e trabalhar com ele. Mas João Diamante recusou o convite sem explicar o motivo de sua decisão, o que causou estranheza em todos que acompanharam sua trajetória, exceto sua companheira, Stephanie Parreira.

CAPÍTULO 8

O Diamante vira empresa

Enquanto João trilhava sua carreira de chef, trabalhando no restaurante Fazenda Culinária, mas ao mesmo tempo já se destacando como uma personalidade na Gastronomia, um outro chef de cozinha, que também tinha iniciado sua carreira no serviço militar, chefiava um grupo de estudos na UFRJ com o objetivo de entender o que era possível fazer para devolver à sociedade o investimento (aproximadamente R$ 110.000 por aluno por ano)[30] que a universidade fazia nos alunos do curso de bacharelado em Gastronomia.

Na lista entre os cursos universitários mais caros e concorridos, em 2010 o de Gastronomia da UFRJ chegou a uma relação candidato-vaga superior ao de Medicina, com 115,88 candidatos por vaga. Atualmente, a nota de corte para o curso de Gastronomia na UFRJ é 722,62 (referente ao ano de 2022).[31]

Quem estava com os olhos nesses números era Gilberto Alencar, na época aluno de Gastronomia da UFRJ e presidente da Cibus, empresa júnior de Gastronomia e Nutrição. Gilberto conversava muito com a professora Laura Kioko sobre suas ideias e a viabilidade de realização des-

---

[30] Segundo informação passada em entrevista por Gilberto de Freitas Alencar.
[31] Medicina em 2022 teve nota de corte 828,24 na UFRJ.

se projeto devolutivo. Laura escutava e acolhia seu aluno, mesmo achando muito difícil que ele conseguisse concretizar um projeto tão audacioso.

Um dia, a professora Laura Kioto convidou Gilberto para acompanhá-la em um festival de Gastronomia. Disse a ele que precisava apresentá-lo a uma pessoa que, segundo ela, tinha ideias muito próximas às dele, e certamente seria muito bom para Gilberto se conectar a essa pessoa.

Numa sala lotada na Universidade Estácio de Sá, na Barra da Tijuca, dezenas de pessoas aguardavam a aula do Chef João Diamante, enquanto nos bastidores a professora Laura Kioko apresentava Gilberto a João. O que deveria ser uma rápida apresentação virou uma conversa de mais de trinta minutos, que foi interrompida apenas porque a assessora de João Diamante, Stephanie Parreira, avisou que não havia mais como segurar a plateia que o aguardava. Só assim, na pressão, Stephanie conseguiu interromper a conversa daqueles dois sonhadores.

João Diamante foi se apresentar à plateia que o aguardava para aquela aula-show sem ter a menor ideia de como sua vida e sua carreira iriam mudar depois desse encontro.

Não demorou muito tempo e os dois, através do contato que trocaram rapidamente no evento, se reencontraram. João Diamante convidou Gilberto para um encontro no local que estava preparando para ser a nova sede do projeto Diamantes na Cozinha, no bairro do Méier.

Foi naquela casa, onde antes funcionava um hostel, que Gilberto e João firmaram a primeira parceria deles – Cibus e Diamantes na Cozinha. Os projetos foram o canal para que os dois pudessem fazer o que mais desejavam naquele momento: "retribuir" – está entre aspas porque este verbo está na fala dos dois. A Cibus passou a ser, a partir daquela parceria, a empresa responsável por toda a parte de Nutrição do projeto Diamantes na Cozinha. Eles faziam a gestão total desse processo, inclusive elaboração de apostilas para os participantes.

Essa relação estabelecida por eles através dos projetos de suas vidas foi o começo de uma relação de trabalho e amizade.

Em pouco mais de dois anos, o feeling da professora Laura Kioko ganhou concretude, e Gilberto estava compondo o time de diretores do projeto Diamantes na Cozinha. Com a proximidade deles, a compreensão de suas semelhanças e diferenças ampliava a cada dia a confiança entre os dois.

Com seu olhar atento, Gilberto observou uma inquietação em João com os caminhos que se vislumbravam para sua carreira. O projeto Diamantes na Cozinha ganhava cada dia mais visibilidade e mais apoio para a sua realização, a demanda da presença de João Diamante em eventos de Gastronomia e palestras corporativas aumentava, e os convites para trabalhar como chef de cozinha não paravam de chegar. João não queria escolher, seu desejo era contemplar tudo aquilo, abraçar cada uma das oportunidades.

Assim, entre uma conversa e outra que eles faziam regularmente, João dividiu com Gilberto uma ideia que ele e Stephanie Parreira já tinham realizado, mas que ainda precisava amadurecer seus conceitos.

João Diamante e Stephanie Parreira criaram em 2018 uma empresa – o Grupo JD. João Diamante percebeu que, tanto financeiramente quanto em termos de projeção de carreira, a agência que fazia o seu agenciamento já não atendia à expectativa dele. Porque o percentual que o agenciamento demandava era muito alto, e toda a entrega demandada pela agência era atendida pela assessoria que Stephanie Parreira, sua parceira, fazia para ele gratuitamente. Então, eles resolveram desfazer o contrato com a agência e partir para uma iniciativa autônoma.

O Grupo JD se constituiu inicialmente com João Diamante, como diretor e sócio majoritário, Stephanie Parreira assumindo toda a parte de comunicação e agenciamento e Priscila Santana fazendo a gestão operacional do grupo. Ambas com percentuais de sociedade no Grupo JD.

A ideia era que a empresa pudesse englobar mais que o serviço de um chef de cozinha, que fosse mais abrangente e acolhedora para tudo que eles faziam e pretendiam fazer.

O Grupo JD nasceu com bases bem definidas para a construção de uma carreira sustentável não somente para João, mas para todos os trabalhadores envolvidos nos projetos que eles executariam. O bem-estar foi a base prioritária no desencadeamento dessa construção.

> "Vamos ser os donos do mundo! O João fala", disse Gilberto, sorrindo.

Quando Gilberto chegou ao Grupo JD, por sua própria experiência, já sabia o quão adoecedor pode se tornar a vida de um chef apenas dentro de uma cozinha. E, por isso, ele entendeu que sua entrada no grupo seria especialmente para ajudar o Chef João Diamante a encontrar um caminho de equilíbrio na vida profissional dele.

> "O projeto de melhorar a vida do João me agradou muito. Melhorar a realidade de um chef de cozinha que pensa diferente de todo mundo", afirmou Gilberto com entusiasmo.

Foi com esse pensamento e foco na construção de uma carreira saudável para o Chef João Diamante que o Grupo JD foi crescendo e se desenvolvendo. Dentro desse contexto, o Grupo JD, para contemplar os planos de carreira que o próprio João Diamante estabeleceu, conta com a assessoria da Stephanie Parreira e a gestão do Gilberto Alencar como integrantes fixos.

Em alguns momentos, as oportunidades romperam algumas dessas barreiras, furaram alguns planos e balançaram um pouco as bases do Grupo JD. Mas nunca a ponto de destruí-las. Gilberto citou o projeto Na Minha Casa como um exemplo das realizações mais ousadas do Grupo JD. Eles montaram o restaurante Na Minha Casa em aproximadamente uma semana.

Tudo começou com uma visita que João Diamante fez a uma loja no Cadeg a convite de Fernando Cordeiro, das Lojas Maranguape. Quando visitou a loja, João ligou para Gilberto ir até lá conhecer. Gilberto pegou o endereço e seguiu para encontrá-lo. Somente quando chegou lá no Cadeg que Gilberto se deu conta qual era o local. Gilberto tinha sido cozinheiro em um antigo restaurante naquela mesma loja. Mais precisamente naquela mesma cozinha.

João ficou muito empolgado com aquela oportunidade. Abrir um restaurante com um conceito diferenciado de atendimento e relação com o cliente era uma ideia dele que permeava as reuniões do Grupo.

Passado o encantamento daquela coincidência de ter cozinhado ali, Gilberto começou a listar para João algumas questões relacionadas à estrutura do local para abrigar o conceito que o João queria, como, por exemplo a acessibilidade. A loja era bem pequena e com dois andares. Para acessar a sobreloja, o segundo andar, tinha apenas uma estreita escada. De apontamento em apontamento, Gilberto foi apresentando a João os impedimentos logísticos e estruturais daquela escolha até João dar a ele a seguinte resposta:

"Mas na minha casa é assim. Na favela é assim."

Com esse argumento, João conseguiu sintetizar o conceito principal da sua ideia e, de quebra, ainda trouxe na frase um nome pronto para o local. O restaurante Na Minha Casa teve seu nome e seu local definidos dessa maneira nas últimas semanas de 2018. Nasceu em clima de festa e surpresas.

O Na Minha Casa não tinha um cardápio fixo e funcionava para café da manhã e almoço. Assim como não tinha cardápio, também não tinha preço fixo. Tinha um valor mínimo sugerido para ambas as opções. Mas o cliente tinha a liberdade de escolher quanto pagar, tanto para mais quanto para menos. O restaurante, inclusive, não tinha um funcionário para a cobrança de pagamento. No lugar onde seria o caixa de pagamento, ficavam máquinas de cartão de crédito e débito, um recipiente para colocar o comprovante do seu pagamento e outro para gorjetas e pagamentos em dinheiro.

Essa inovação de conceito fez o apresentador do programa Somebody Feed Phil selecionar o restaurante Na Minha Casa para ser um dos visitados do episódio sobre o Brasil.

O americano Phil Rosenthal desembarcou no Rio de Janeiro, durante o carnaval, em 2020, para um passeio gastronômico, e na companhia da Chef Flávia Quaresma foi conhecer o Chef João Diamante na sua casa, ou melhor no Na Minha Casa. Flávia, que conhece muito bem João, intermediou a conversa do simpático apresentador com o Chef João Diamante. Entre uma conversa e outra, Phil experimentou biscoito de polvilho, requeijão e um bolo de milho e se surpreendeu com a história de João. Também esteve presente na gravação a companheira e assessora de João, a jornalista Stephanie Parreira.

Quando o episódio dessa visita de Phil Rosenthal foi ao ar, o Na Minha Casa já tinha se transformado no projeto itinerante que é hoje. Porque, como tantos outros restaurantes, o Na Minha Casa não resistiu às mudanças provocadas na economia pela pandemia da covid-19. Não resistiu como restaurante. Mas se reinventou de uma maneira muito criativa, ocupando temporariamente espaços que tinham uma boa estrutura de cozinha, como aconteceu no Cortiço, na Lapa, e no Casarão, no Grajaú.

A coragem de experimentar novos modos de fazer está no DNA da empresa. O espírito do Grupo JD é inovador. Esse jeito de gerir e realizar que ele tem muitas vezes parece andar na contramão, especialmente no que diz respeito às regras ditadas pelo mercado.

O Grupo JD também engloba o trabalho de apresentação do Chef João Diamante como palestrante em eventos corporativos e de Gastronomia pelo Brasil. A construção da imagem do João Diamante para outros campos de atuação utilizando a Gastronomia como base e ferramenta foi uma das áreas de atuação do Grupo JD que mais se desenvolveu. É difícil contabilizar quantas vezes o Chef João Diamante já se apresentou em palestras motivacionais em empresas para contar a sua história.

Com esse trabalho, em particular, João Diamante tem levado à reflexão profissionais de todas as áreas, em diferentes níveis de hierarquia, a ouvir e refletir sobre o seu olhar sobre a sociedade e os impactos que esse olhar tem a depender do cargo que você ocupa.

Por mais que essa seja uma das áreas de atuação do Grupo JD como nicho de negócio, e não como função social, o papel social que esse negócio vem fomentando é indiscutível.

Nas apresentações em eventos de Gastronomia, o alcance é ainda maior. Normalmente, a plateia vai a esses eventos para o seu lazer de fim de semana. Por isso, está mais relaxada e disponível para receber as palavras de João Diamante, o que amplia mais a chance de alcance do objetivo do Chef. Eu me lembrei de um ditado popular e infantil que diz que "quem conta um conto aumenta um ponto". É isso que esses encontros do Chef João Diamante estão fazendo positivamente ao longo desses anos de estrada. Aumentando um pontinho de cada vez a chance de tirar o público da sua zona de conforto para refletir sobre as diferenças, os pontos de partida de cada cidadão e o impacto disso na vida de cada um.

João Diamante já participou como chef de cozinha de vários eventos importantes da Gastronomia brasileira, como o Rio Gastronomia (RJ), o Fartura Brasil (MG), o Cozinha Raiz (GO), o Ué?!Sopa (RS), o Festival Gastronômico Sabores de Santana (AP) e o Festival de Cultura e Gastronomia de Tiradentes (MG). Percorreu o Brasil usando a Gastronomia com ferramenta de transformação por onde passou.

Mas não foram somente os brasileiros que tiveram o privilégio de ir a um evento de Gastronomia e encontrar com João Diamante para uma boa conversa e comer bem. No dia 19 de abril de 2022, João Diamante participou do Salão Gourmet, em Madri, na Espanha. João levou para as suas quatro apresentações – Showcooking – um pouco da nossa gastronomia. Ele fez uso de ingredientes nossos para fazer uma tapa, aperitivo típico da Espanha. Para tornar sua participação ainda mais especial, João também se apresentou no Madrid Food Inovation Hub,[32] na Espanha, no Chef Session. O sucesso de sua participação aconteceu antes mesmo de sua chegada ao evento. Em menos de dois dias, os ingressos para assisti-lo se esgotaram.

Outros dois caminhos do Grupo JD têm levado João Diamante longe, em todos os sentidos: consultoria para cardápios de restaurantes e buffets para eventos. O que o Grupo JD fez para possibilitar que a assinatura do Chef João Diamante fosse reconhecida como um selo de qualidade foi organizar uma estrutura capaz de multiplicar o serviço sem perder a sua qualidade.

Com uma pequena equipe de trabalho fixa mas extremamente comprometida, o Grupo JD conseguiu realizar centenas de eventos ao longo do seu curto período de existência.

Pautado em seus conceitos, planejamentos e objetivos bem delineados a partir da construção e da manutenção de seu principal pilar de susten-

---

[32] O Madrid Food Inovation Hub é um projeto social que, assim como o Diamantes na Cozinha, utiliza a Gastronomia como ferramenta social.

tação – o Chef João Diamante –, o Grupo JD está fomentando uma cultura de trabalho sustentável possível.

Manter o Chef João Diamante na cozinha de uma forma feliz e prazerosa com o seu trabalho foi – na verdade, continua sendo – um desafio para Gilberto Alencar e Stephanie Parreira. São eles dois que, ao lado de João Diamante, sustentam e encaminham os rumos do Grupo JD, pensando nas possibilidades de expansão da carreira do chef de forma sustentável.

Em um primeiro olhar, pode parecer que o Grupo JD e João Diamante são uma coisa só, de tão orgânica que é a sua estrutura. Na verdade, é apenas uma boa impressão.

Nesse momento, enquanto termino este capítulo, o Chef João Diamante está em Brasília. Ele foi cozinhar para o presidente Luiz Inácio Lula da Silva e mais 11 chefes de estado da América Latina. Acabou de ser recebido pela primeira-dama Janja no Palácio do Planalto, a quem ofereceu a camisa do seu projeto social de presente. Quem está lá cozinhando para o presidente do Brasil e seus convidados é João Augusto – o Chef João Diamante, um homem negro de 32 anos completados ontem.

"Não era o João Diamante que estava lá cozinhando para o presidente da república, era um representante da maioria da população brasileira abrindo caminho para outras pessoas, assim como ele, chegarem aonde ele chegou. A responsabilidade era enorme. Se a gente erra, a gente fecha a porta para os nossos", afirmou João Diamante.

QUARTA RECEITA

Receita para celebrar uma nova fase de João Diamante.

Costela suína glaceada

Rendimento: 2 porções

INGREDIENTES:

400g de costela suína assada com dry rub[33]

50g de pasta de tamarindo

100g de molho do cozimento da costela

120g de batata-baroa

500ml de água

50ml de leite

20g de manteiga

10g de vinagrete de maracujá[34]

50g de cebola-roxa em conserva[35]

Farofa de alho e tomilho

Agrião higienizado

Sal e pimenta-do-reino a gosto

---

[33] Tempero para churrasco.
[34] Veja como fazer na Primeira receita autoral do João Diamante.
[35] Idem.

Costela suína com dry rub

Ingredientes:

1kg de costela suína
50g de açúcar mascavo
20g de sal
5g de páprica picante
5g de alho em pó
5g de cebola em pó
50g de mostarda amarela
5g de cominho em pó
5g de gengibre em pó
5g de tomilho em pó
2g de pimenta-caiena

Modo de preparo:

1. Limpe a costela retirando a membrana da parte próxima aos ossos.

2. Em um bowl, coloque todos os temperos em pó e misture.

3. Pincele a costela com a mostarda e espalhe os temperos em pó cobrindo-a totalmente. A mostarda ajudará a fixar o tempero. Enrole a costela em papel-alumínio.

4. Leve ao forno por uma hora a 180°, abra o alumínio e deixe mais meia hora.

5. Retire do forno e peneire o líquido formado. Reserve o molho para glacear a costela.

Costela suína glaceada

Ingredientes:

400g de costela suína assada com dry rub
50g de pasta de tamarindo
100g de molho do cozimento da costela

Modo de preparo:

1. Porcione a costelinha suína já assada.

2. Dilua a pasta de tamarindo no molho do cozimento da costela até obter um creme não muito espesso. Leve ao fogo brando até cozinhar totalmente. Ajuste a textura.

3. Em seguida, pincele a costela com o creme de tamarindo e reserve.

Purê de batata-baroa

Ingredientes:

120g de batata-baroa

500ml de água

50ml de leite

20g de manteiga

Sal e pimenta-do-reino a gosto

Modo de preparo:

Em uma panela coloque água, a batata-baroa e sal a gosto. Leve para cozinhar em panela destampada. Quando a panela estiver praticamente sem água, acrescente o leite e amasse a batata. Adicione a manteiga e mexa bem até obter um creme liso. Ajuste sal e pimenta.

--- *Empratamento* ---

Em prato adequado, posicionar a costela, o purê e a farofa (veja a receita de **Farofa de tomilho** no capítulo 15) ao lado. Coloque o agrião por cima da costela e espalhe algumas cebolas-roxas em conserva (veja a receita no capítulo 15).

CAPÍTULO 9

Diamantes na Cozinha

Se você está lendo o livro, capítulo a capítulo, na ordem em que ele foi construído, sabe que João estava na França, ainda fazendo estágio no restaurante Le Jules Verne, na Torre Eiffel, em Paris, quando teve a ideia do projeto Diamantes na Cozinha. Também sabe que foi Stephanie Parreira a primeira pessoa com quem ele dividiu seu desejo. O que ainda não contei aqui foi que João Diamante recusou uma oportunidade de trabalho na equipe do Chef Alain Ducasse porque ele sabia que aquela não era hora de ficar, era a hora de partir e repartir tudo o que ele aprendeu naqueles seis meses de estágio em Paris.

Provavelmente João deixou muita gente incrédula com a sua recusa àquela oportunidade de começar sua carreira ao lado de um dos mais reconhecidos chefs de cozinha do mundo. Talvez até o próprio Alain Ducasse tenha ficado com essa sensação, se ele não soube o motivo de João.

"Para Alain Ducasse, cozinhar aproxima as pessoas e expressa valores fortes: generosidade, partilha, tolerância e abertura ao mundo. Um compromisso de Alain Ducasse que é expresso através de numerosas iniciativas sociais, mas também dentro das suas escolas, que transmitem a sua paixão pela boa comida e a sua visão humanista da cozinha",[36] destacou a página da École Ducasse.

É muito incomum um chef recém-formado recusar um convite para trabalhar com um chef premiado como Alain Ducasse. Ducasse tem diversos restaurantes com uma ou mais Estrelas Michelin, chancela de qualidade no setor gastronômico que, em certa medida, carimba e valida a experiência para o mercado de trabalho. Diversos recém-formados custeiam temporadas fora do Brasil garimpando essas experiências até retornarem para os objetivos que têm para suas carreiras. É alto o investimento padrão nessa profissão. Por isso, é também rara essa opção de recusa vindo de um chef negro, pertencente à classe C, criado em uma comunidade, porque, por ser exceção em espaços como esse, parece obrigatório ter que aceitar.

Algumas profissões são permeadas de ideias equivocadas e socialmente mal construídas para o público em geral. Ideias que criam no imaginário coletivo informações generalizadas sobre essas profissões, especialmente no que se refere a ganhos salariais.

Em geral, isso acontece com profissões que ao longo da história da nossa sociedade têm uma tradição de formação oriunda das camadas privilegiadas da sociedade brasileira, como médicos, advogados e engenheiros, por exemplo, e com profissões onde há muita exposição da imagem, como ator/atriz ou cantor/cantora, por exemplo.

Ultimamente, nas últimas duas décadas principalmente, no Brasil, a profissão de cozinheiro ganhou um status social com a popularização da nomenclatura chef de cozinha, fazendo com que essa profissão também criasse no imaginário coletivo a ideia de que todos os profissionais que atuam como chef têm um salário excelente.

De acordo com o Guia Brasileiro de Ocupações,[37] que utiliza a base de dados do Cadastro Geral de Empregados e Desempregados (Caged), o salário médio de um profissional chef de cozinha, com o perfil atual do João – homem, negro, 32 anos –, é de R$ 3.134,30 (três mil cento e trinta e quatro reais e trinta centavos), sendo essa média um pouco maior, cerca de R$ 200 (duzentos reais) a mais, na Região Sudeste.

---

[36] Livre tradução de: "Pour Alain Ducasse, la cuisine rassemble et exprime des valeurs fortes: la générosité, le goût du partage, la tolérance et l'ouverture au monde. Un engagement qu'Alain Ducasse exprime à travers de nombreuses initiatives sociétales, mais aussi au sein de ses écoles, qui transmettent sa passion du bien manger et sa vision humaniste de la cuisine". Fonte: https://www.ecoleducasse.com/a-propos. Acesso em 15 ago. 2023.

[37] Fonte: http://pdet.mte.gov.br/guia-brasileiro-de-ocupacoes. Acesso em 15 ago. 2023.

Obviamente, essa média não se aplica a todos os profissionais atuantes no mercado, a média é um parâmetro, um referencial para compreensão do comportamento, nesse caso salarial, do setor. Contudo, é com essa realidade salarial, ou até mesmo inferior a essa, que se depara a maioria dos estudantes de Gastronomia recém-formados, ou aspirantes a chef em início de carreira.

Para contextualizar, é importante lembrar aqui que o salário mínimo no Brasil atualmente (ano de referência 2022) é de R$ 1.212 (mil e duzentos e doze reais). E, infelizmente no Brasil, ainda há famílias que não têm essa renda mínima para viver. Além disso, a quantidade de jovens, mesmo em subempregos ou na informalidade, também é enorme.

Então, João não voltou ao Brasil para dar ponto sem nó, como dizem os mais velhos. Ele sabia bem o que queria fazer.

Diamantes na Cozinha foi o projeto gerado e desenvolvido teoricamente por ele, com o apoio da sua namorada, atual companheira, Stephanie Parreira, que o trouxe de volta ao Brasil. No entendimento dele, aquele era o momento de executar seu projeto. E assim foi. Não tão curto quanto essa frase que acabei de escrever para sentenciar a realização do desejo de João, mas realmente foi. Aconteceu. Acontece. Acontecerá.

O primeiro grande desafio para o João com o seu projeto Diamantes na Cozinha foi encontrar um espaço que acolhesse a sua realização. O projeto demandava uma estrutura mínima de espaço para encontros teóricos e práticos com os profissionais da área de Gastronomia.

Como fruto de projetos sociais no entorno da região onde cresceu e morou, desde que veio de Salvador com sua mãe, João prontamente retornou a esses lugares como suas primeiras opções de parceria para o Diamantes na Cozinha. E, mais uma vez, ele foi assertivo. Em 16 de maio de 2016, começava no Cecamp Noel Rosa,[38] com o apoio da Maria do Socorro, a primeira turma do projeto Diamantes na Cozinha.

Cecamp Noel Rosa! O mesmo lugar que gerou para João sua primeira oportunidade de trabalho formal naquele momento abriu espaço para ajudá-lo com seu projeto social para fazer algo similar por outros.

Foi diante de uma faixa pintada à mão com o nome do projeto e a logomarca do Cecamp que os primeiros alunos do projeto e seus mentores voluntários posaram e registraram sua alegria de ser parte dessa história. Diamantes na Cozinha começou assim, de forma simples, mas muito comprometida com seu propósito principal, que era integrar e reintegrar pes-

---

[38] No capítulo 4, está descrita a relação de João Diamante com o Cecamp Noel Rosa.

soas em condições de vulnerabilidade à sociedade utilizando a Gastronomia como ferramenta social.

> "Eu não quero que ninguém obrigatoriamente se torne um cozinheiro, um grande chef, um barista e outras profissões que a Gastronomia pode proporcionar. E sim que tenha uma visão ampla da sociedade e um leque de oportunidades enorme através da Gastronomia, em que o objetivo maior é formar verdadeiros cidadãos com responsabilidade social, ética e cidadania", disse João Diamante sobre o projeto Diamantes na Cozinha.

A primeira turma tinha dez alunos. Eles foram selecionados para cumprir uma jornada de aprendizado de aproximadamente seis meses. Nesse período, eles tiveram a oportunidade de aprender com profissionais atuantes no mercado da Gastronomia em diversas áreas de conhecimento, entre eles uma profissional que segue até hoje voluntária, direta ou indiretamente, do projeto: a Chef Flávia Quaresma. Flávia Quaresma é como uma madrinha para João. Ela está sempre por perto participando, acompanhando e apoiando tudo que seu afilhado realiza desde o início de sua carreira.

A grade curricular proposta para a primeira turma foi uma espécie de menu experiência de cardápio de restaurante chique: se você entrou ali, não tem como não viver todas as etapas, torna-se obrigatório. Aquela obrigatoriedade que a gente nem sente, de tão incrível e prazerosa. Pois foi assim que os primeiros participantes receberam essa grade. Vejam as etapas do Menu Diamantes na Cozinha: 1. Introdução à Gastronomia, 2. Higiene e segurança alimentar, 3. Introdução à Nutrição, 4. Noções básicas, 5. Preparos preliminares, 6. Técnicas de cozinha, 7. Noções de confeitaria, 8. Etiqueta e 9. Contabilidade.

Em cada uma dessas etapas os participantes tiveram aulas com profissionais atuantes nessas áreas oferecendo aulas teóricas e práticas. Dione Duarte, Ramão Hendrischky e Roseane Theodoro foram os primeiros professores do Diamantes na Cozinha. Eles eram colegas de faculdade de João.

Essa turma estreante teve sua formatura realizada no dia 21 de agosto de 2016 no Engenhão com sete dos dez que iniciaram o processo. Entre esses primeiros participantes do projeto social Diamantes na Cozinha, estava Ismael. Ele participou dessa primeira turma como voluntário. Ele e João se conheceram durante um trabalho nas Olimpíadas de 2016. E a partir desse encontro Ismael adotou o projeto Diamantes na Cozinha.

Ismael Antônio, inclusive, depois de ser voluntário em 2016 e 2017, virou participante em 2018 na primeira turma da Casa Base Gastronomia, a nova sede do Diamantes na Cozinha.

Ele tinha a experiência de trabalhar como cozinheiro desde muito cedo. Mas conta que o projeto lhe deu a oportunidade de finalmente realizar uma formação.

> "Pude aperfeiçoar ainda mais as técnicas que adquiri o tempo todo na cozinha, trabalho desde os 7 anos e nunca tive o ensinamento que este curso me deu", desabafou Ismael Antônio.

Para trabalhar, ser voluntário e ainda participante do projeto Diamantes na Cozinha, Ismael precisou escolher entre ficar com a família e se qualificar, porque usava o pouco tempo livre que tinha para fazer parte desse processo. Ele disse que foi a melhor coisa que fez. E, sabendo um pouco da história do Ismael Antônio, é fácil concordar com ele. Ismael trabalhou no restaurante Fazenda Culinária com João Diamante entre 2017 e 2018 e depois dividiu mais uma vez a cozinha com João Diamante no restaurante Na Minha Casa, no Cadeg, em 2019. Pouco depois, trabalhou em outro importante restaurante em Ipanema, na zona sul do Rio de Janeiro, deixando esse último restaurante para trabalhar em Luanda, Angola. A pandemia trouxe Ismael de volta ao Brasil, e ele mais uma vez voltou ao Diamantes na Cozinha e trabalhou com João novamente no Na Minha Casa, que já estava em sua fase itinerante. Seu trabalho como chef é motivo de muito orgulho e belo exemplo de sucesso do projeto.

Depois dessa primeira turma, que, mesmo sem essa pretensão, revelou um talento, que nem estava entre os participantes, para a Gastronomia brasileira, o projeto não parou mais. Em dezembro de 2016, a segunda turma concluiu sua formação.

A essa altura, o projeto já tinha repercutido. João Diamante trabalhava no restaurante Fazenda Culinária, restaurante no Museu do Amanhã, comandado pela Chef Flávia Quaresma, e contava para todo mundo do seu projeto.

> "Eu sempre achei que a gente não deveria contar o que quer fazer. E o João dizia: 'Não, tem que falar pra todo mundo. (...) Porque aí eu vou atrair um monte de gente que quer fazer, e vai vir comigo, ou não vai vir comigo'", revelou Gilberto Alencar, diretor financeiro do Diamantes na Cozinha.

A notícia foi se espalhando entre os chefs de cozinha. Além de Flávia Quaresma, vários chefs de cozinha se solidarizaram com a proposta do projeto e se colocaram à disposição tanto para ministrar aulas como anunciando seus apoios, doando seus livros para a biblioteca do Diamantes da cozinha. O Chef Ramão Hendrischky, o Chef Gabriel Nigro e o Chef confeiteiro Gerci Trevenzolli são alguns dos primeiros mestres que compartilharam suas experiências com os participantes das primeiras turmas do Diamantes na Cozinha.

Nessa boca a boca, a notícia chegou a Carlos Felipe Teles, atual vice-presidente do Diamantes na Cozinha, e também chegou a Luiz Jr., responsável pela gestão de pessoas no projeto. Duas pessoas importantíssimas na construção dessa história. Felipe, que também tem formação em Gastronomia, tinha outra coisa em comum: a experiência de trabalho em outro projeto social realizado pela família dele. Naquela época, uma casa de propriedade da família de Felipe, onde funcionara um hostel, estava desocupada.

Então, Felipe, entendendo que o projeto Diamantes na Cozinha, apesar de ter sido muito bem acolhido no Cecamp Noel Rosa, precisava de uma sede própria e mais adequada à proposta, ofereceu a casa para o projeto por um valor de aluguel praticamente simbólico. Assim, eles firmaram um contrato de locação e a casa na Rua Lopes da Cruz, 322, no Méier, passou a ser a nova sede do projeto Diamantes na Cozinha.

Foi uma conquista enorme. Uma conquista que trouxe novos desafios. O primeiro deles foi a necessidade de uma reforma inicial de adequação mínima da casa antes de receber uma nova turma.

Uma das primeiras instituições a contribuir para a reforma da casa que abrigaria a nova sede do projeto Diamantes na Cozinha foi a Ford Foundation em setembro de 2017. Esse apoio puxou uma leva de outros apoios bem distintos, mas fundamentais para que tudo continuasse acontecendo. Outros chefs de cozinha, como Kátia Barbosa, do Aconchego Carioca, e Alex Atala, do D.O.M, também declararam seu apoio ao projeto em 2017. No mesmo ano, a Sans Chef, uma marca carioca de uniformes para apaixonados por Gastronomia, começou a venda de diversos produtos com a identidade do projeto para reverter o lucro das vendas para a obra de reforma da casa. Voluntários foram convocados, e recebidos, para o que a equipe do Diamantes na Cozinha chamava de Mutirão do Bem. O primeiro Mutirão do Bem aconteceu no dia 24 de fevereiro de 2018.

Enquanto a turma do Mutirão do Bem corria para receber os participantes da primeira turma de 2018 e da Casa Base Gastronomia, fazia aproximadamente três meses que a última turma de 2017 tinha se formado (1/10/2017), com todos os participantes vestindo a camisa do projeto e apresentando seus pratos aos jurados convidados no restaurante Fazenda Culinária.

Essa camiseta foi a primeira a ser confeccionada com a identidade do projeto Diamantes na Cozinha. Mas a camiseta que virou moda entre todas as pessoas que são apaixonadas pela Gastronomia, especialmente a Gastronomia brasileira, foi outra. Uma camiseta que virou um lema, uma campanha, que ajudou muito o projeto.

"UM POR TODOS
E TODOS PELA
GASTRONOMIA
BRASILEIRA!"
João Diamante

Esta frase de João Diamante pegou e viralizou nas redes sociais carregada no peito do próprio João Diamante, e, pouco a pouco, no peito de chefs de cozinha renomados como Laurent Suaudeau e Claude Troisgros, aguçando a curiosidade sobre o seu fundador e o projeto. Consequentemente, os convites para entrevistas e matérias com João Diamante não pararam de chegar.

No dia 20 de novembro de 2017, Dia da Consciência Negra, João Diamante participou do Programa do Bial, um programa de entrevistas comandado pelo jornalista Pedro Bial, na TV Globo, para uma conversa sobre sua trajetória e seu projeto de vida – o Diamantes na Cozinha.

No programa, que teve também a participação de Pretinho da Serrinha e de Pedrinho, Bial perguntou a João sobre sua origem e sua trajetória na cozinha até chegar à história da realização de seu projeto Diamantes na Cozinha. João se emocionou bastante nessa entrevista.

Mas outras emoções ainda o aguardavam após essa entrevista. No início de 2018, um número surpreendeu o fundador e toda a equipe do projeto Diamantes na Cozinha. Em janeiro, o projeto recebeu mais de 2 mil inscrições para a primeira turma de 2018. Desse número imenso e inesperado foram selecionados 23 participantes.

Para receber essa turma, a obra não parou um minuto, e as doações também não. Casas Maranguape doou, UniSuam doou carteiras para a sala de aula da casa, e o Chef Jeovane Godoy doou 30% do valor do jantar realizado com o Chef João Diamante no restaurante CÓR.

Quem também não parou foi o time que comandava o projeto à época – João Diamante, Stephanie Parreira, Carlos Felipe Teles, Dione Duarte, Beatriz Paolino e Luiz Jr. Faltava pouco para o projeto completar dois anos de existência e quase nada, e tudo ao mesmo tempo, para chegar o dia da inauguração da Casa Base Gastronomia – a sede do projeto Diamantes na Cozinha. O trabalho foi intenso e eles sabiam que ele não seria encerrado com a inauguração. Depois das obras o desafio foi a manutenção da casa, tanto estrutural quanto das despesas fixas.

O dia da inauguração chegou. Em 6 de março de 2018, foi inaugurada a Casa Base Gastronomia do projeto Diamantes na Cozinha, na Rua Lopes da Cruz, 322, no Méier. A casa estava pronta para receber novos participantes e voluntários.

"Essa casa é nossa", afirmou João Diamante no dia da inauguração.

Com o número recorde de inscritos que o projeto teve para a primeira turma de 2018, a equipe fixa do projeto Diamantes na Cozinha, com a liderança de Luiz Jr., diretor de Recursos Humanos, decidiu estabelecer alguns critérios de corte e também realizar dinâmicas de grupo presenciais para a seleção dos 25 participantes. Foram considerados escolaridade e renda familiar como critérios de corte, e durante as dinâmicas o objetivo estabelecido pela equipe foi observar nos candidatos a sua capacidade de receber e compartilhar experiências.

Compartilhar sempre foi um pilar fundamental para o projeto Diamantes na Cozinha.

Adotando essa nova forma de seleção, a equipe conseguiu se organizar para daquela turma em diante lidar com o número crescente de inscritos a cada edição do projeto que se anunciava. Dessa forma, em 2018 e 2019 foram selecionados os 100 participantes que integraram as quatro turmas desse período.

Enquanto as aulas corriam nas turmas, as ações para arrecadar fundos para a manutenção do projeto não pararam. A galeria de arte @muur.studio realizou o Leilão da Solidariedade e reverteu o valor da venda de uma obra de @bcontin para o projeto, João Diamante cozinhou no Void[39] e reverteu fundos para o projeto e o Ateliê de Ideias também reverteu parte de seu lucro para o Diamantes na Cozinha. O restaurante Bobô, no Méier, em 2019, vendeu pratos elaborados pela quinta turma do projeto e reverteu o lucro para o projeto. Muitas camisetas "Um por todos. Todos pela Gastronomia brasileira!" foram vendidas na Casa Base Gastronomia e em stands de eventos gastronômicos, como o Super Rio Expo Food.

O sucesso do projeto rendeu engajamentos e doações de toda a natureza, entre elas uma parceria com a Cibus, empresa júnior de Nutrição da UFRJ. Como você leu em um capítulo anterior, através de Gilberto Alen-

---

[39] Espaço híbrido em Botafogo, no Rio de Janeiro, que recebia chefs de cozinha uma vez por semana para apresentar pratos e vender no restaurante deles.

car. Outros engajamentos recorrentes foram: restaurantes, como Vikings Steaks, Seafood e Sandwiches, Tártaros Burguers e I Piatti, que recebiam as turmas para cozinhar e apresentar seus pratos no dia da formatura; outros espaços de formação, como Le Cordon Bleu, que recebiam alunos para aulas externas especiais; doação de livros para a biblioteca da casa, de pessoas físicas; e editoras como a Senac-SP.

Se de um lado a sociedade civil se mobilizou para apoiar o Diamantes na Cozinha, de outro o projeto cumpriu seu papel. Aos poucos, o mercado de trabalho foi absorvendo os participantes. Os restaurantes Lasai, do Chef Rafael Costa e Silva, e Sud, o Pássaro Verde, da Chef Roberta Sudbrack, contrataram ex-participantes do Diamantes na Cozinha; o ex-participante Felipe de Sá participou do programa Que Seja Doce, no GNT; e a ex-participante Priscila Santana, do Complexo do Alemão, participou do programa Mestre do Sabor, na TV Globo. Apenas destacando aqui alguns cases como exemplo.

O projeto Diamantes na Cozinha virou um selo de referência para os participantes que se identificaram com a área e buscaram oportunidades nesse mercado de trabalho.

As aulas da oitava turma do projeto, a primeira de 2020, começaram no dia 15 de janeiro. Seria a quinta turma na Casa Base Gastronomia, no Méier. Mas nós todos sabemos o que aconteceu em março de 2020: a pandemia da covid-19 parou o mundo. Então, com toda a responsabilidade que o momento pediu, a equipe responsável pelo Diamantes na Cozinha suspendeu as aulas presenciais.

Antes de seguir contando o que aconteceu com a oitava turma do projeto, é importante lembrar aqui a rápida e eficiente ação realizada pelo Chef João Diamante. Ele sugeriu uma ação de resgaste de alimentos dos estoques dos restaurantes antes que eles atingissem o seu vencimento e fossem parar no lixo. Juntou voluntários, entre eles integrantes do Diamantes na Cozinha, e fez a ponte entre quem tinha alimentos e quem tinha carência deles. A ação rendeu uma matéria no jornal *O Globo* no dia 26 de março de 2020 e ganhou mais visibilidade e adeptos.

Enquanto isso, ele e sua equipe também trabalharam para que a turma iniciada não perdesse a oportunidade da experiência do Diamantes na Cozinha. Então, no dia 9 de abril, ainda sem saber por quanto tempo teríamos que enfrentar a pandemia, João Diamante e sua equipe retomaram as aulas no modo online.

Organizar essa retomada foi um grande desafio porque a pandemia escancarou ainda mais a desigualdade social no nosso país. Para viabilizar a continuidade do projeto, um projeto social, a equipe de voluntários integrantes do Diamantes na Cozinha teve que dedicar um olhar ainda mais preciso sobre a condição de cada um dos participantes.

Felizmente, o voluntariado foi palavra de ouro nesse processo.

Além de todos os chefs convidados que se disponibilizaram a dar aulas virtuais para a primeira turma online do Diamantes na Cozinha, conforme relatou matéria da revista *Veja* do dia 20 de abril de 2020, houve uma iniciativa que entendeu muito bem o tamanho da necessidade de ajudar alunos e ex-alunos do projeto naquele período de pandemia. O Encarnado Burger teve a ideia de convidar alunos e ex-alunos do projeto para colocar em seu cardápio sanduíches criados por eles para ajudá-los a fazer uma renda extra. Os sanduíches integraram o cardápio do Encarnado Burger e o lucro era revertido para os criadores.

As parcerias nesse período de dificuldade coletiva no Brasil e no mundo só aumentavam, o que logo se refletiu também no aumento do número de seguidores do Diamantes na Cozinha no Instagram. A página chegou à marca de 10 mil seguidores.

Com esse número, também chegaram novos parceiros e novas ideias. A metodologia do projeto conseguiu se adequar relativamente bem ao modelo online. A primeira turma fechou o seu ciclo de aprendizagem com um bom rendimento, apesar de todas as condições adversas que enfrentaram. Os números da pandemia da covid-19 no Brasil foram assustadores e serão sempre imperdoáveis. As mortes por covid-19 atingiram a marca de quase 700 mil. Setecentas mil vidas perdidas,[40] em sua maioria pelo descaso das autoridades em exercício àquela época! Portanto, diante de tanta adversidade, em agosto de 2020 a turma celebrou sua conquista em uma formatura no ambiente virtual.

Vencer naquele momento de luta injusta fortaleceu o projeto internamente. Novas ideias e pessoas chegaram para agregar mais valor.

O modelo online mostrou à equipe do Diamantes na Cozinha que eles poderiam ir mais longe, chegar a muitos lugares estabelecendo parcerias e revendo suas metodologias de ensino. Nesse momento, entrou para a equipe uma integrante que paquerava o projeto Diamantes na Cozinha fazia tempo. Ela foi se aproximando do projeto como uma admiradora, fazendo ponte entre o Diamantes na Cozinha e o restaurante onde ela trabalhava.

O restaurante Bobô, localizado no bairro do Méier, precisava renovar sua equipe e Dayse logo indicou o projeto Diamantes na Cozinha como um

---

[40] Embora este livro seja sobre o João Diamante, não posso deixar de registrar aqui que meu pai – Raimundo Nonato Cruz dos Santos (faço questão de escrever seu nome e sobrenome) foi uma dessas vítimas.

caminho para ele resolver o problema de uma maneira sustentável. Disse ao proprietário que ele poderia selecionar na "escola" alunos e dar a primeira oportunidade de trabalho para eles, associando ao mesmo tempo o restaurante a um projeto de um grande chef de cozinha. Apesar de achar que o chef não o responderia, o dono do Bobô seguiu a dica da sua funcionária mandando uma mensagem pelo Instagram para João. E, como sempre faz, João o respondeu.

Foi assim que Dayse, como ela disse, conheceu João Diamante ao vivo e em cores.

Dali em diante, ela foi se aproximando de João como cliente e admiradora do trabalho dele, frequentando os eventos onde ela participava e também o Na Minha Casa (na época que ficava no Cadeg). Até que um dia, já desligada do Bobô, Dayse viu uma oportunidade compartilhada no Instagram do João e se colocou à disposição. Em pouco tempo, já estava realizando seu primeiro trabalho com ele no primeiro espaço itinerante que o Na Minha Casa ocupou – o Cortiço, na Lapa.

Esse projeto itinerante logo foi suspenso com a nova onda da pandemia. Mas não demorou muito tempo para Dayse voltar a trabalhar com João. Ela recebeu um convite do Chef João Diamante para assumir a coordenação pedagógica do Diamantes na Cozinha. Mas não foi com esse título que João apresentou o cargo para Dayse. Ele disse a ela que precisava de uma pessoa para organizar o relacionamento entre professores e alunos.

> "Essa aqui é a Dayse, coordenadora pedagógica. Eu falei: pedagógica? Eu nunca estudei Pedagogia", falou assustada Dayse.

João fez com a Dayse o mesmo que faz com todos que passam pelo Diamantes na Cozinha: abriu uma porta e mostrou a ela o quanto ela tinha potencial para contribuir com tudo aquilo que estava diante dela.

Dayse, estudiosa e disciplinada, foi buscar o que era essa tal Pedagogia de que ele falava e entender como tudo estava funcionando até aquele momento. Então, ela viu que o projeto não tinha uma metodologia instituída ainda e "botou a mão na massa": fez cronograma de aulas, conteúdos, plano de aula, apostilas e seleção de professores.

Por mais que a entrada da Dayse tenha organizado significativamente os processos pedagógicos do projeto, ela atingiu um limite do que era possível fazer sem uma formação específica nesse assunto. Como ela mesmo disse antes, Dayse Lopes não é pedagoga. Ela é formada em Turismo e Gastronomia. O caminho que ela sugeriu foi então selecionar um profissional com as devidas formação e competência técnica para olhar tudo que a equipe tinha feito até aquele momento e organizar dentro de normas técnicas. Mas eles ainda não tinham recursos financeiros para isso.

Foi necessário abrir mão do que já tinha sido importante para o projeto para dar novos passos. Assim, eles se desfizeram da Casa Base, a sede tão sonhada do Diamantes na Cozinha. O Diamantes na Cozinha estava crescendo para um caminho de parcerias e precisava priorizar as demandas que esse caminho determinava. Com essa capacidade de desapego e coragem para o enfrentamento do novo, eles conseguiram fechar parcerias como a Curseria e a Voz das comunidades para, a partir de então, levar o projeto aos lugares onde estavam as pessoas que eles queriam alcançar e formar. Assim, o Diamantes na Cozinha chegou ao Complexo do Alemão e ao Complexo do Andaraí.

Alguns poderiam dar-se por satisfeitos aqui nesse ponto: o projeto Diamantes na Cozinha chegou à comunidade onde João cresceu e morou a maior parte de sua vida até aqui. "Missão cumprida!" ou "Zerei a vida!", como dizem os mais jovens.

É uma forma de pensar. Mas não é a forma de o João Diamante pensar.

Havia muito por vir para o projeto, e veio. O projeto ganhou vários bairros da cidade. Teve a realização de uma turma, no Grajaú, na ONG da Tia Estelinha. Em 2022, o Diamantes na Cozinha, com a parceria do canal GNT, ofereceu 100 vagas para mais uma turma do projeto na zona norte do Rio de Janeiro. As aulas foram realizadas em um espaço alugado em Madureira a partir do dia 2 de outubro. Mas essa edição do projeto também contou com o apoio das duas principais escolas de samba de Madureira: G.R.E.S. Império Serrano, onde foi realizado a seleção, e a G.R.E.S. Portela, onde aconteceu a cerimônia de formatura. Logo em seguida, no dia 8 de outubro, o município de Belford Roxo também vibrava com o resultado da seleção da turma que se formou a partir de uma parceria com a Bayer.

O resultado dessa nova forma de fazer o projeto Diamantes na Cozinha acontecer com parcerias resultou nos seguintes números em 2022: 2.311 pessoas inscritas, 217 vagas oferecidas, 182 alunos formados e 1.000 pessoas impactadas indiretamente. Esses números criaram como meta para 2023 alcançar 400 alunos formados, conquistar novas empresas parceiras e aprimorar o conteúdo programático.

Para isso, os recursos provenientes das parcerias realizadas em 2022 foram também investidos no aprimoramento dos métodos de ensino para possibilitar novas parcerias, de acordo com a agenda 2030. O Diamantes na Cozinha contratou uma empresa para fazer seu Projeto Político Pedagógico Institucional (PPPI). Fernando Malheiro aceitou o desafio de fazer esse trabalho pela primeira vez para um projeto social. Ele e sua equipe estão analisando cada um dos documentos do projeto e identificando seu devido enquadramento. Também estão regularizando pedagogicamente o que se precisa e entrevistando todos os integrantes da equipe fixa do projeto.

Atualmente, a equipe que toca o Diamantes na Cozinha é composta por João Diamante (presidente), Carlos Felipe Teles (vice-presidente), Luiz Jr. (diretoria de Recursos Humanos), Gilberto Alencar (diretor financeiro), Stephanie Parreira (diretora de Marketing) e Dayse Lopes (diretora de Coordenação Pedagógica).

O projeto está se renovando. De olho nas oportunidades. Seguindo seu caminho.

"Só a partir das oportunidades é que as pessoas conseguem evoluir na vida. Eu era uma pedra bruta. Fui garimpado, lapidado, e hoje posso ajudar outras pessoas com o conhecimento que domino, que é a Gastronomia", disse João Diamante.

Transformar pessoas como se transforma os alimentos. Tirar deles o melhor que eles podem oferecer é coisa de chef.

QUINTA RECEITA

Receita que todo Diamante na cozinha tem que saber.

Baião de dois do João Diamante

Rendimento: 4 porções

INGREDIENTES:

- 500g de carne-seca
- 1 xícara de chá de feijão-fradinho
- 1 xícara de chá de arroz
- ½ cebola picada
- 1 colher de sopa de azeite
- ½ colher de chá de sal
- 1 folha de louro
- 200g de queijo de coalho
- 70g de bacon em cubos
- 1 cebola-roxa
- 2 dentes de alho
- 2 colheres de sopa de manteiga de garrafa (ou a gordura que preferir, como manteiga ou azeite)
- 3 talos de cebolinha fatiada
- ½ coentro picado
- ½ salsa picada
- 250ml creme de leite fresco
- 1 limão-siciliano
- Flor comestível
- Folhas de coentro a gosto
- Sal e pimenta-do-reino a gosto

Baião de dois

Modo de preparo:

1. Corte a carne-seca em cubos grandes de cerca de 7 cm (este tamanho é ideal para dessalgar a carne sem tirar completamente o sal e também para desfiar de um tamanho uniforme).

2. Coloque em um bowl e lave em água corrente. Cubra os cubos de carne com 5 xícaras de chá de água fria. Cubra o bowl com plástico-filme, deixe na geladeira por 24 horas e troque a água pelo menos uma vez durante este período.

3. Após dessalgar, escorra a água e transfira a carne para a panela de pressão. Complete com água até a metade da panela, tampe e leve ao fogo médio. Assim que a panela pegar pressão, diminua o fogo e deixe cozinhar por 20 minutos. Desligue o fogo e espere toda a pressão sair antes de abrir.

4. Despreze a água do cozimento, junte o feijão-fradinho e repita o passo anterior, mas dessa vez deixe cozinhar por apenas 10 minutos. Atenção: o feijão não pode cozinhar demais e desmanchar. Após 10 minutos de cozimento, desligue o fogo.

5. Retire os cubos de carne-seca da panela de pressão, desfie com o auxílio de dois garfos e descarte os pedaços maiores de gordura. Passe o feijão por uma peneira e reserve a água do cozimento.

6. Leve ao fogo médio uma panela média. Quando aquecer, regue com o azeite e acrescente a cebola. Tempere com o sal gosto e refogue por cerca de 2 minutos até murchar. Acrescente o arroz e mexa bem por cerca de 1 minuto para envolver todos os grãos com o azeite.

7. Meça 2 xícaras (chá) da água do cozimento reservada e regue sobre o arroz. Junte a folha de louro, misture e deixe cozinhar em fogo médio. Assim que a água começar a secar e atingir o mesmo nível do arroz, diminua o fogo e tampe parcialmente a panela. Deixe cozinhar até o arroz absorver toda a água.

8. Desligue o fogo e mantenha a panela tampada por 5 minutos para que os grãos terminem de cozinhar no próprio vapor. Enquanto isso, prepare o refogado.

Refogado

Modo de preparo:

1. Em uma batedeira, despeje o creme de leite. Vamos fazer um creme montado, ou seja, bata o creme de leite fresco até uma textura de chantilly, depois acrescente nesse creme um pouco de raspas e suco do limão-siciliano, misture delicadamente com o próprio batedor na mão e reserve na geladeira até a hora de servir o prato.

2. Descasque e pique fino a cebola e o alho. Corte o queijo de coalho em cubos de 1 cm.

3. Leve ao fogo médio uma frigideira grande, de preferência antiaderente. Quando aquecer, acrescente 1 colher de sopa de manteiga de garrafa e junte os cubinhos de queijo. Deixe por cerca de 2 minutos, até descolar do fundo, e mexa com a espátula para dourar por igual. Transfira para um bowl e reserve.

4. Mantenha a frigideira em fogo médio e adicione o restante da manteiga de garrafa. Acrescente a cebola e refogue até murchar. Junte os cubos de bacon e deixe cozinhar, mexendo de vez em quando, até começar a dourar. Adicione o alho e mexa por mais 1 minuto.

5. Adicione a carne-seca desfiada e mexa por cerca de 2 minutos para aquecer. Acrescente ½ xícara de chá da água do cozimento reservada e misture bem, isso vai deixar o baião de dois mais molhadinho. Desligue o fogo, junte o feijão-fradinho e misture bem.

6. Abra a panela do arroz, solte os grãos com um garfo e transfira para a frigideira com o refogado. Misture bem, prove e ajuste o sal e a pimenta-do-reino. Junte os cubinhos de queijo dourados e a cebolinha, salsa e um pouco de coentro picados e misture.

7. Coloque em cima do baião de dois quenelles de creme azedo, finalize com pétalas de flores comestíveis e sirva.

CAPÍTULO 10

O Diamante na TV

"Mãe, eu tô na... TV." Quase reproduzi aqui um clássico sinônimo de orgulho das famílias brasileiras: aparecer na emissora de TV mais famosa do Brasil. Qualquer pessoa de uma família brasileira que já apareceu na TV, mesmo em uma aparição espontânea no meio da rua enquanto passava para ir ao trabalho, sabe a repercussão que isso dá. Os parentes são capazes de dizer que aquela pessoa foi praticamente entrevistada para a famosa TV. Está escrito no presente, porque ainda hoje é assim. Mesmo diante de tantas outras mídias disponíveis, o que desperta a atenção e levanta os comentários da maioria dos brasileiros é o que aparece na TV aberta.

A família de João Diamante não fugiu a essa (quase) regra. Afinal, João estava realmente aparecendo como entrevistado em um programa de TV na maior emissora do país.

Ela se encheu de orgulho quando isso aconteceu com ele, especialmente sua mãe, Elildes. Isso aconteceu, ou melhor, foi ao ar no dia 20 de novembro de 2017 – Dia Nacional da Consciência Negra. Um dia importante para a população negra.

O Dia Nacional da Consciência Negra, ou Dia Nacional de Zumbi dos Palmares, foi instituído pela Lei 12.519/2011, de 10 de novembro. Mas a história desse dia começou muito antes, em Porto Alegre, no ano de 1971. Um grupo de jovens negros universitários criou o coletivo Palmares, com o objetivo inicial de propor discussões em torno do racismo que negros e negras sofriam em ambientes sociais, educacionais e de espaço de poder naquela região do Brasil.

Como esse problema não era exclusivo daquela região do país, apesar de não estar ainda oficialmente instituída, a data se espalhou pelo Brasil por meio de diversos coletivos e movimentos negros e passou a ser celebrada. Especialmente após a Constituição de 1988, que, pela força da presença de intelectuais negros do Brasil na Assembleia Constituinte e de todos os movimentos do povo negro brasileiro, de maneira espontânea e formalizada, incluiu artigos e parágrafos importantes para a população negra brasileira. Como, por exemplo, tornar a prática do racismo sujeita à prisão.

Foi escolhida esta data porque, em 20 de novembro de 1695, Zumbi dos Palmares foi capturado e morto por ordem do Estado. Ela representa a consciência da luta e também a consciência enquanto sinônimo de conhecimento. É uma data para a população negra celebrar e fortalecer sua consciência ancestral a cada ano.

Por isso, a primeira vez de João Diamante na TV tornou-se mais que especial.

Quando a mídia televisiva abriu espaço para falar de João Diamante, outras mídias já tinham entregado à população diversas reportagens sobre ele.

É normal esse movimento entre as mídias. De alguma maneira, elas se retroalimentam e também se complementam. Nem todo consumidor de jornal, de rede social, assiste à TV aberta, e vice-versa.

Esse primeiro momento de João Diamante na TV aberta aconteceu no Programa do Bial, na Rede Globo de TV. Nesse dia, também participaram do programa Pretinho da Serrinha e Pedrinho. João Diamante estava visivelmente emocionado durante toda a entrevista, chegando às lágrimas em alguns momentos. Pedro Bial, que hoje comanda o Conversa com Bial, como bom interlocutor, mostrou ao seu público espectador, em pouco tempo de entrevista, a essência e o carisma de João.

Foi assim, à vontade, que ele contou com detalhes uma das histórias que abriram caminho para a construção de sua carreira como chef de cozinha:

"Eu realmente quero ser cozinheiro, mas não tenho tempo, falei. O comandante disse: 'A pergunta é: você quer?'. Respondi: 'Quero'. 'Então você vai no Iate Clube do Rio de Janeiro e vai ficar lá três meses estagiando pra entender o que é uma cozinha profissionalmente'", contou João Diamante.

Mas logo em seguida, mesmo com todo o esforço do apresentador para descontraí-lo, a emoção escapou ao controle do entrevistado. João chorou contando o filme que passou pela cabeça dele enquanto subia pela primeira vez as escadarias para chegar ao restaurante Le Jules Verne, na Torre Eiffel.

"Num dia tu tá morando no Complexo do Andaraí. No outro dia tu tá morando na França", foi tudo que ele conseguiu dizer, balançando a cabeça e voltando a chorar.

Do mesmo jeito que foi às lágrimas, João as enxugou e mostrou no ar, em rede nacional, todo o movimento e a força de sua história, contando um pouco como venceu a barreira da língua.

"Só quem pode mudar isso sou eu. Então vamos lá. Sentei e comecei a estudar francês. Durante um mês e meio, eu chegava em casa, estudava, dormia e no dia seguinte estava de pé correndo no jardim, 4h30 da manhã, cedinho. Tomava banho, ia para o estágio, voltava, estudava (...). Corpo que não vibra é um esqueleto que se arrasta", afirmou, com orgulho de sua resiliência.

Por falar em movimento e corpo, a segunda aparição de João Diamante na TV não foi em um programa de culinária, e sim em um programa esportivo. Embora não o tenham convidado para correr nem pedalar, apesar da prática regular que ele adquiriu no seu período na França e trouxe para sua vida no Brasil, mas para praticar luta com o outro convidado do Globo Esporte, o lutador Cezar Mutante.

O número de participações em programas de TV não parou de crescer.

No ano seguinte, João foi convidado para cozinhar pela primeira vez na TV em um programa de variedades.

Existe atualmente na TV brasileira uma série de programas de variedades que tiveram seu início como programas exclusivamente de receitas, os famosos programas de culinária da TV brasileira. A Cozinha Maravilhosa de Ofélia, por exemplo, estreou na TV Bandeirantes em 1968, com a apresentadora Ofélia Ramos Anunciato fazendo uma nova receita a cada dia. Além de apresentadora, Ofélia publicava livros de receitas, sendo inclusive a primeira autora de culinária a vencer o Prêmio Jabuti. Antes disso, o Veja como se cozinha foi ao ar na TV Tupi em 1951 apresentado por Marialice Prestes, filha de Júlio Prestes. Desde então, todas as emissoras foram abrindo espaço em suas grades para esse tipo de programa. Mas, a partir da década de 1990, esses programas ficaram com um formato mais de variedades e menos de culinária. Foi justamente nesse período que Palmirinha, uma das mais famosas e queridas apresentadoras e culinaristas, estreou na TV, em 1994, no auge dos seus 63 anos.

Quem deu esse carinhoso apelido a Palmira Nery da Silva Onofre foi a apresentadora Ana Maria Braga, quando ainda apresentava o programa Note e Anote, na TV Record, onde Palmirinha trabalhou por cinco anos.

João certamente, em algum momento de sua vida, mesmo que de passagem, passou o olho em um desses programas enquanto uma dessas apresentadoras culinaristas cozinhava ou recebia um convidado para cozinhar em seus programas. Provavelmente sem sequer imaginar que um dia seria ele ali dentro daquela caixinha mágica chegando a milhares de famílias brasileiras.

Precisamente no dia 13 de junho de 2018 João Diamante foi recebido pela apresentadora Ana Maria Braga no programa Mais Você, transmitido pela TV Globo, para contar sua história e cozinhar. João preparou uma receita durante o programa: o seu famoso Ovo Mollet frito. Vocês já devem ter observado aqui no livro que uma receita não é sinônimo de uma etapa ou um processo. Essa receita precisou de três etapas-base antes da montagem do prato. João ensinou cada uma delas no programa na companhia da apresentadora Ana Maria Braga, que em determinado momento o interrompeu com um espontâneo elogio antes mesmo da finalização.

"Só esse caldo que ele fez aqui... É uma das melhores reduções que eu comi na minha vida", disse Ana Braga Braga antes mesmo de "chamar os cachorros".

Comida de verdade emociona. Ambos: quem cozinha e quem come. Nesse programa, vimos isso acontecer diante de nossos olhos. Olhos que em muitos lares devem ter marejado também.

Ana Maria Braga terminou o programa com gostinho de quero mais. E não hesitou em convidar João Diamante para voltar e dar uma aula sobre as bases que aprendeu, especialmente no período de seu estágio sob o comando do Chef Alain Ducasse.

João retornou ao programa Mais Você no ano seguinte. Como prometido, ele ensinou, passo a passo, como fazer aquele molho de carne que leva um ingrediente pouco utilizado na culinária do nosso dia a dia – o mocotó. João deu várias dicas de aproveitamento: da carne que foi usada para fazer o molho e do caldo que sobrar do prato idealizado, entre outras. Foi uma verdadeira aula-show em rede nacional.

Também na TV fechada, nos canais de streaming, nas TVs públicas e locais, João recebeu diversos convites para fazer participações contando a sua história de vida e cozinhando. Só no ano de 2019 ele teve participação no programa Santa Receita, da TV Aparecida (abril), nos programas Perto do Fogo, do Chef Felipe Bronze, e no The Taste Brasil, com os Chefs Felipe Bronze, André Milfano e Claude Troisgros, ambos do canal GNT, e no programa Caminhos do Chef, no canal online do SBT.

Depois de tantas participações como convidado em programas de variedades e de culinária, um caminho novo começou a se desenhar naturalmente na trajetória de João Diamante: ele foi convidado para integrar a equipe de jurados fixos de um programa na TV.

Em 8 de agosto de 2019, foi ao ar, no GNT, a nova temporada do Cozinheiros em Ação, um reality de culinária apresentado pelo Chef Thiago Castanho. O programa contava com um time de jurados profissionais da Gastronomia brasileira para acompanhar e selecionar entre os participantes o melhor cozinheiro amador. João Diamante entrou para o elenco de jurados do programa para substituir a Chef Ligia Karazawa, que estava grávida à época. Também já estavam no elenco a Chef Carmem Virgínia e o pesquisador gastronômico Rusty Marcellini.

Depois de 13 semanas de programa no ar, a sétima temporada do Cozinheiros em Ação encerrou com a vitória da Família Pessoa, representada pelo participante Paulo. João Diamante, ou Diamond, como brincou o Chef Thiago Castanho quando o apresentou como novo integrante do elenco, também se despediu.

Era o fim de uma experiência que o convidava a continuar. E João Diamante aceitou o convite que essa experiência provocou nele. Estar diante das câmeras ensinando e falando com o público sobre o que ele mais gosta de fazer na vida entrou para a lista de objetivos do João.

Apesar da pandemia, que mudou o rumo de todos os seres humanos do planeta, esse desejo de realização ficou em processo de construção por João Diamante e sua equipe. Todo o aprendizado que tivemos que adquirir diante das câmeras tanto nas nossas relações pessoais quanto nas nossas relações de trabalho acabou encurtando esse caminho para João.

Além das lives, no período de pandemia, João Diamante realizou diversas ações e campanhas para marcas que gravaram conteúdo inicialmente de forma remota e, depois, ao longo das liberações que foram acontecendo, também enviaram equipamentos e poucos funcionários para a produção de conteúdo dentro da própria casa de João.

Em 2021, aconteceu mais uma oportunidade de voltar à TV. Dessa vez, o convite que chegou foi para João Diamante ser o apresentador de um programa sobre a Gastronomia na cidade do Rio de Janeiro.

Assim, após muita conversa e trabalho, João estreou no dia 17 de maio de 2021 como apresentador do programa Garimpeiro do Sabor, no canal Woohoo. No primeiro episódio de uma temporada de 14 episódios, João Diamante subiu o Morro da Conceição para mostrar ao público um lugar muito charmoso no coração do Rio de Janeiro, a Villa Olivia. Foi dentro desse antiquário, onde funciona o restaurante GG, que João Diamante entrevistou, cozinhou, provou e apresentou o famoso bobó de camarão da Chef Georgia Gomes, ex-participante do projeto Diamantes na Cozinha.

A estreia do programa foi um sucesso celebrado também em 22 de maio de 2021, dia em que o canal Woohoo completou 15 anos de existência. Na coletiva de imprensa, João Diamante pôde contar um pouco mais sobre essa sua primeira experiência como apresentador de um programa de Gastronomia. Garimpeiro do Sabor era exibido semanalmente às segundas-feiras, às 20h30, no Woohoo, e tinha sua grade de reexibição, além de ser disponibilizado no YouTube do canal.

O programa Garimpeiro do Sabor rendeu muitas matérias e boas críticas a João Diamante. A revista *Prazer na Mesa*, o site Mundo Negro, o "Carioca Nota 10", da *Veja Rio*, e a coluna de Luciana Fróes no jornal *O Globo* foram alguns dos espaços de mídia que anunciaram a novidade. Na edição do jornal *O Globo* de 7 de junho de 2021, o jornalista Fabio Codeço, com o título "Na trilha de João Diamante: um roteiro por joias escondidas da Gastronomia brasileira", escreveu elogios e um bom resumo do que foi o programa.

> "Para 'Sonhos Possíveis', episódio da série que estreou anteontem no canal Woohoo com a história linda do Chef João Diamante. É uma trajetória inspiradora. Se não conhece, corra para ver. Tudo emocionante e bem-feito", escreveu Patrícia Kogut em sua coluna "Nota 10", no jornal *O Globo*.

Mesmo o Garimpeiro do Sabor sendo exibido em um canal de assinatura, com o trabalho do Grupo JD nas mídias sociais, o Chef João Diamante ganhou muita visibilidade com a realização. Entre uma gravação e outra, João continuou gravando entrevistas e participações em outros programas, como, por exemplo, a gravação do terceiro episódio da segunda temporada do programa Na Intimidade do Chef, da IBTV Gastronomia.

Em 2022, depois de João Diamante comentar em suas redes sociais sobre a falta de habilidade de alguns participantes de um reality show com a preparação de carnes, consideradas não nobres, o chef viralizou. O vídeo que ele publicou na sua conta do Instagram, de tanto compartilhamento para lá e para cá, por essas redes sociais, acabou sendo visualizado pelo Boninho.

> "Ele hoje apresenta a rede social dele. Antigamente ele vivia ao lado da rede social dele. Ele domina a rede social dele", disse Gilberto Alencar sobre a maturidade adquirida por João nas mídias audiovisuais.

Esse primeiro vídeo do João Diamante nas redes acabou desencadeando uma série de vídeos curtos em que João deu dicas sobre preparos dessas carnes, ensinou receitas e falou, inclusive, sobre o desperdício de alimentos. Em um desses momentos, Boninho passou de visualizador a seguidor do chef. E João Diamante compartilhou algumas dessas curtidas.

Até que um dia Boninho deixou um comentário bem direto a João Diamante no seu perfil do Instagram dizendo que estava preparando algo especial para ele. Essa notícia chegou de surpresa, inclusive para a equipe de trabalho de João Diamante, e, depois de um bom tempo (meses), foi formalizada.

João Diamante foi convidado para integrar a equipe do programa que a Rede Globo lançou em março de 2023 – Minha Mãe Cozinha Melhor que a Sua. O programa tinha como apresentador Leandro Hassum, e como avaliadores dos pratos que as mães cozinhavam a Chef Paola Carosella e o Chef João Diamante. A cada episódio, três duplas de mãe e filha ou filho competiam para fazer valer o título do programa e recebiam como premiação a oportunidade de ajudar uma instituição de caridade.

A rotina de gravação dos episódios foi intensa. Mas João curtiu muito a oportunidade de colocar em prática na TV aberta um pouco do que já tinha aprendido em experiências anteriores nos canais de streaming. Percebeu a cada exibição o impacto da receptividade do público a sua atuação.

Por falar em exibição, no dia da estreia do programa na TV Globo, João organizou uma grande festa na Borda do Mato, comunidade integrante do Complexo do Andaraí, onde ele viveu a maior parte de sua vida. Organizou um churrasco, disponibilizou um grande telão, criou um espaço para os empreendedores da comunidade venderem seus produtos e convidou família, amigos de infância, amigos e amigas artistas, amigos de pouco tempo, seguidores e profissionais que trabalham e já trabalharam com ele para vivenciarem com ele a emoção de sua estreia.

Foi uma tarde-noite de festa, de abraços, de comida boa, de risadas, de encontros dos amigos do amigo! E também de oportunidade para conhecer os empreendedores locais para os quais João organizou uma feira de venda de seus produtos.

João Diamante não faz nada sozinho. Ele tem a energia da coletividade. Mais que isso, ele tem a sabedoria do pássaro que vive o presente e projeta o futuro mas não deixa de olhar para o passado. Ele voa. Ele voou. Ele voará! Cada vez mais alto. E sempre em revoada.

"Eu sempre acreditei, e isso faz toda diferença", disse João Diamante.

CAPÍTULO 11

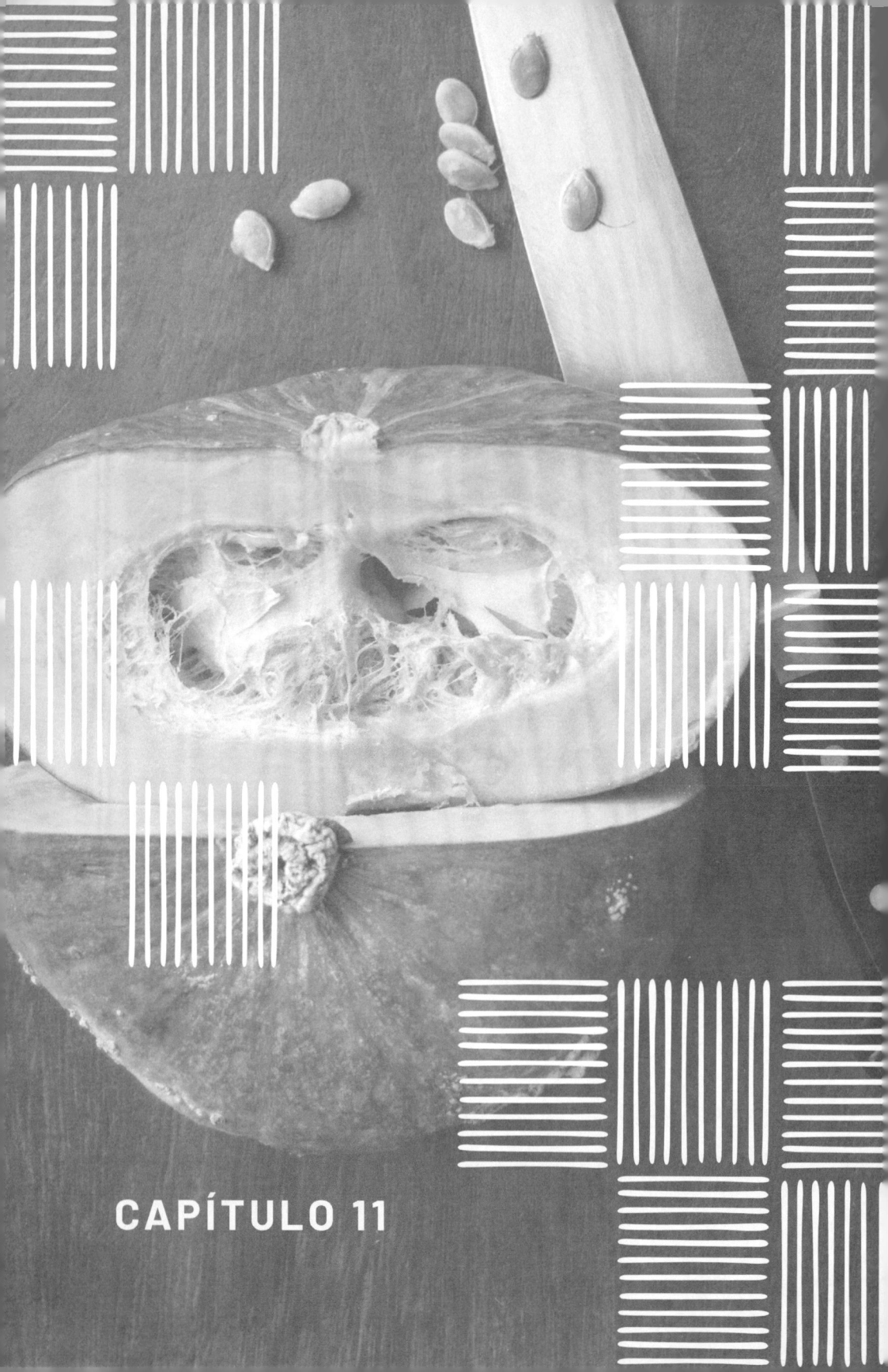

Diamante e outras joias

"Quando você voltar da França, você me procura. Tá aqui meu telefone. O que eu puder te ajudar...", disse a Chef Flávia Quaresma a João quando o conheceu.

Essa apresentação de João à Chef Flávia Quaresma aconteceu durante um evento de Gastronomia na Hípica, no Rio de Janeiro, por iniciativa do Chef David Jobert. João estagiou com Jobert no restaurante L'Atelier du Cuisinier. Naquela época, todos os chefs se comunicavam sobre o que acontecia na faculdade de Gastronomia da Universidade Estácio de Sá porque, além de o curso ter se tornado uma referência na cidade do Rio de Janeiro, tinha lá uma turma conhecida por reunir talentos promissores.

O Chef David Jobert apresentou João e contou à Chef Flávia Quaresma que ele era um dos três alunos selecionados para fazer estágio na França com o Chef Alain Ducasse. Flávia vibrou muito pela oportunidade que a escola do Chef Alain Ducasse estava oferecendo àqueles estudantes. Com todo seu histórico profissional, ela sabia a bagagem de conhecimento que eles trariam no retorno dessa experiência.

O que a Chef Flávia Quaresma não sabia no dia daquele primeiro encontro deles é que João, nesse período de estágio em Paris, moraria no mesmo lugar que ela morou quando foi estudar Gastronomia lá. A coincidência se deu porque Lucy, a professora de francês que deu aula para João, também tinha morado na residência de Dona Mimi e indicou João.

A ligação da Chef Flávia Quaresma com o Chef João Diamante já estava acontecendo antes mesmo que eles soubessem.

Quando João retornou de Paris, do seu estágio no restaurante Le Jules Verne, comandado à época pelo Chef Alain Ducasse, a Chef Flávia Quaresma estava participando da primeira edição no Brasil de um importante festival francês, o Syrah. Essa edição aconteceu no Rio de Janeiro, então, João foi ao evento para tentar uma oportunidade de falar com a Chef Flávia Quaresma.

Ela contou que ele chegou lá todo formal, apresentando-se mais uma vez, contando que estava de volta ao Brasil e que, conforme eles combinaram, decidiu procurá-la.

Flávia disse a João que estava iniciando um novo projeto naquele momento. Ela foi convidada para comandar a cozinha de um restaurante no Museu do Amanhã e acabava de iniciar um processo de seleção para formar a sua brigada. A ideia da Chef Flávia Quaresma para aquela nova empreitada era revolucionar com um time diverso em todos os sentidos: de experiência, de gênero, de raça, de estilo de vida.

> "Estaremos no Museu do Amanhã. Então, vamos construir o que eu penso que será o futuro. Se Deus quiser, próximo", disse Flávia Quaresma.

Então, Flávia convidou João para uma conversa com ela no local do novo restaurante, para eles conversarem com mais calma.

João aceitou o convite e foi até o Museu do Amanhã. João ouviu tudo o que a chef lhe contou, mas não teve coragem de dizer a ela que ele também tinha novidades. Ele estava em um processo de seleção com um chef, amigo de Flávia, para trabalhar na cozinha de um grande hotel no Rio de Janeiro. E a vaga lá estava praticamente certa para ele.

Ele reagiu assim: guardou segredo, porque a Chef Flávia Quaresma, durante esse encontro deles, também fez um convite a ele. Ela queria que João fizesse parte dessa brigada que ela estava montando. Não exatamente da maneira como João imaginava, ao contrário, de uma maneira que ele ainda não se via.

Contudo, com a experiência e a visão de Flávia, ela entendeu que, com o currículo que João tinha, e com o retorno que ela teve das pessoas com as quais ele já havia trabalhado, seria realmente um desperdício de talento colocá-lo como um iniciante na cozinha do seu time.

> "Eu quero você para já ficar nas cabeças e vir a ser o chef. (...) Eu tenho certeza de que você tem talento e seriedade. A sua história tem isso", afirmou a Chef Flávia Quaresma.

João recebeu aquele convite com muito espanto, mas também com muita alegria. Mesmo assim, ele não deu imediatamente uma resposta à Chef Flávia Quaresma. Disse a ela que precisava de um tempo para resolver algumas questões pessoais. Então, ele foi conversar com o Chef Damien Montecer. João não sabia que os dois chefs eram amigos. Teve uma conversa aberta e franca com o chef, contando a ele não apenas sobre a oportunidade que a Chef Flávia Quaresma havia lhe oferecido, como também dividindo com o Chef Damien Montecer suas perspectivas para sua carreira de chef.

Diante das colocações de João, o Chef Damien Montecer não teve dúvida de que o melhor para João naquele momento era acertar a proposta da Chef Flávia Quaresma.

Agradecido pelo acolhimento do Chef Damien Montecer, que priorizou a oportunidade daquele jovem chef em vez de a sua necessidade de ter um talento promissor na sua cozinha, João voltou ao Museu do Amanhã para uma nova conversa com a Chef Flávia Quaresma.

Finalmente Flávia entendeu todo o comportamento de João quando ele contou tudo o que estava acontecendo para ela.

Diante daquela revelação, a chef, sabendo da oportunidade que ele estava dispensando para seguir com ela, ficou em dúvida, por poucos instantes, porque João estava certo da sua escolha e a intuição de Flávia dizia o mesmo.

> "Eu não sei por quê. Isso é a minha intuição desde o início. Eu acho que você estando aqui vai ter uma visibilidade. Vai ser importante para a Gastronomia carioca. A gente vai chacoalhar isso (uma mulher e um negro)", repensou rapidamente Flávia Quaresma.

Flávia Quaresma foi uma espécie de fada madrinha na história do João Diamante. A intuição dela não falhou. Talvez porque o que ela chamou de intuição era sua visão experiente. Ela enxergou que João teria espaço no restaurante Fazenda Culinária para mostrar o seu talento como chef.

O caminho que ela previu no início da conversa deles, de ele se tornar chef, acabou acontecendo antes do que eles esperavam, porque, devido a uma alteração no quadro societário do restaurante, Flávia Quaresma decidiu que encerraria seu contrato. Imediatamente, João, que entrou para o time a convite dela, disse que faria o mesmo. Mas, de novo, a Chef Flávia Quaresma mostrou a João que ele deveria ficar. Disse a ele que já tinha conversado com os sócios que João estava pronto para assumir a posição de chef do Fazenda Culinária.

A formação de ambos na escola francesa de Gastronomia deixou mais fácil o acordo que eles fizeram. João aceitou ficar com a condição de ser apenas por um período de dois anos. Tanto João quanto Flávia valorizavam a prática francesa de não manter um talento parado por muito tempo em um lugar. Essa rotatividade direcionada permite uma ampliação de prática e conhecimento.

Outro combinado importante deles deixou a Chef Flávia Quaresma emocionada. João disse a ela que fazia questão de apresentar o Menu que ele iria elaborar para a aprovação dela. Então, antes da abertura do restaurante Fazenda Culinária, João a convidou para degustar o menu preparado por ele. Flávia sentiu o quanto do que eles tinham trocado enquanto ela estava no projeto permaneceu presente no menu. Esse presente preencheu a Chef Flávia Quaresma de um orgulho maternal. Ela disse: "Sou a mãe gastronômica".

João teve a felicidade de formar uma família gastronômica enorme. Ele encontrou em seu caminho muitos profissionais generosos e dispostos, como a Chef Flávia Quaresma, a olhar para o outro e promover mudanças.

Além de Damien Montecer e David Jobert, muitos outros chefs, como Claude Troisgros, Kátia Barbosa, Roberta Sudbrack, Tiago Castanho, Morena Leite, Rapha Nezinho, Alex Atala, Rafael Pires, Luiz Malta, Aline Guedes, Cadu Moura, Breno Cruz e Jimmy McManis acompanharam a jornada de João Diamante como chef e se aproximaram para colaborar, especialmente no seu projeto Diamantes na Cozinha.

Há ainda um tesouro enorme escondido na Gastronomia brasileira. Mas essas joias já reveladas vestiram a camisa "Um por todos e todos pela Gastronomia brasileira" e vêm se juntando a João para fazer história na Gastronomia do nosso país.

CAPÍTULO 12

Diamante premiado

O Chef João Diamante vem colecionando prêmios, distinções, menções honrosas, homenagens e lugar de destaque ao longo da sua carreira profissional, seja por seu trabalho como chef de cozinha, seja pelo seu trabalho como empreendedor social.

Quem o acompanha pelas redes sociais deve ter notado que em todos esses momentos, sempre que é possível, ele está acompanhado de sua companheira, Stephanie Parreira, de sua filha, Lola, e de sua mãe, Elildes. João Diamante faz questão de vivenciar esses momentos com elas, ao lado delas. Essa presença regular da esposa, da filha e da mãe é uma prática na vida dele. Não acontece apenas nesses momentos de celebração. Elas são parte de sua história que fazem a história dele com ele.

Mas, como contamos aqui nos capítulos iniciais, a história dele o antecede.

"Nossos passos vêm de longe", disse Jurema Werneck.

Essa frase anda colada e é repetida por toda mulher negra, por toda pessoa negra brasileira desde que Jurema a disse pela primeira vez. Além de repetir essa frase, as pessoas negras vêm honrando-a na prática.

"Eu tenho até hoje isso na cabeça: eu não posso preocupar minha mãe (...). Eu tenho que agradecer ela", disse João Diamante

Esse entendimento e esse sentimento de gratidão que João carrega desde menino fizeram-no adotar uma prática durante as cerimônias desde que recebeu o seu primeiro prêmio como profissional: João oferece a sua mãe Elildes todos os seus prêmios, medalhas, diplomas de mérito e honra.

De sua primeira premiação na categoria Cozinheiro Revelação do prêmio iFood de Gastronomia em 2017 até o seu destaque como embaixador do prêmio Sabores da Orla 2023, João Diamante conquistou muito mais que títulos. Ele conquistou espaços.

Toda premiação é uma forma de reconhecimento da importância ou da relevância do trabalho de uma pessoa ou de uma equipe no contexto de sua área de atuação. E um prêmio, sem dúvida, pode ajudar a ampliar a visibilidade do trabalho da pessoa premiada. Mas os prêmios chegam e se renovam pelo trabalho.

João Diamante recebeu seu primeiro prêmio e fez dele uma ponte para novas conquistas. Continuou trabalhando e se movimentando para deixar seu trabalho visível. Diz um antigo ditado que quem não é visto não é lembrado. Quem premia está de olhos abertos e atentos, observando os trabalhos que dialogam como o que se pretende premiar. Por isso, retorno aqui uma frase que João sempre repete, mais ou menos assim: "Eu quero que todo mundo saiba o que eu estou fazendo. Porque, se as pessoas se identificarem, vão se aproximar."

Esse pensamento de coletividade de João se reflete no seu trabalho individual.

Foi assim que João chamou a atenção da revista *Forbes* durante a pandemia da covid-19, quando teve a ideia de mobilizar donos de restaurantes e chefs de cozinha para doar os alimentos que estavam com prazo de validade por vencer. Ele observou que de um lado existia uma quantidade enorme de alimentos que seriam descartados pelo prazo de validade, e do outro lado centenas de famílias passando fome com toda a economia do país parada em função da pandemia. Foram mais de 18 toneladas de alimentos doados.

João também demonstrou, nesse período de dificuldade gerado pela pandemia, sua capacidade de propor soluções rápidas e eficientes em situações extremas, quando reorganizou rapidamente o seu projeto social Diamantes na Cozinha para o modo virtual.

"Depois de um ano tão difícil e duro como esse, estar em uma lista da revista *Forbes* mostra mais uma vez que o individual só se destaca dentro de um

> coletivo, e, por isso, juntos somos mais fortes. Gostaria de agradecer a toda minha família, ao grupo JD e a todos os projetos que participamos e fizemos ao longo da vida para chegar entre os 30 jovens que se destacaram no Brasil em 2020, principalmente as pessoas que confiaram em nosso trabalho e somaram para isso acontecer. Até agora a ficha não caiu, estou em choque, mas é isso aí: se derem uma pequena oportunidade, transformaremos um caminho gigante para todos", disse João Diamante.[41]

Assim, ele foi eleito um dos jovens brasileiros de destaque na lista Forbes Under30, da revista *Forbes*, em 2020.

Antes disso, a cidade do Rio de Janeiro acompanhava o trabalho desse jovem talento negro do Complexo do Andaraí. Em 2016, João recebeu uma homenagem de valorização de jovens da cidade do Rio de Janeiro que se destacavam dentro das suas respectivas carreiras. Foi no Todo Jovem é Rio. Depois, em 2019, a Universidade Estácio de Sá fez uma homenagem a egressos que se destacaram na sociedade, como cidadãos e profissionais, e conferiu a João a medalha Alumni Diamante. No mesmo ano, o tradicional Clube Renascença homenageou profissionais negros que preservam e valorizam a cultura, destacando-se na sociedade carioca, com o troféu Rena Negro. João Diamante foi um dos profissionais homenageados.

Outra honraria da cidade do Rio de Janeiro que chegou para João recentemente foi a Medalha Pedro Ernesto, considerada a principal homenagem que o Rio de Janeiro concede a quem se destaca na sociedade carioca, brasileira e internacional. Em uma cerimônia na Câmara Municipal do Rio de Janeiro, em abril de 2023, João Diamante, acompanhado da companheira, da filha e da mãe, recebeu a medalha e, com todo o respeito, tirou-a do pescoço e colocou no pescoço da mãe.

> "Essa homenagem é coletiva a todos que acreditaram, dando destaque a minha mãe, Elildes de Oliveira Santos, que enfrentou o mundo para que eu pudesse estar aqui hoje, e pude homenagear passando a medalha para ela que é a verdadeira merecedora de todos os reconhecimentos possíveis", escreveu João Diamante em suas redes sociais.

É quase unânime acreditar no quanto é importante para a carreira de um profissional receber um prêmio. Mas, para João, tão importante quanto receber um prêmio foi colaborar para o fomento e a visibilidade de novos

---

[41] Fonte: revista *Degusta*, 30/12/2020.

prêmios, especialmente os que valorizam os profissionais negros e os profissionais da Gastronomia.

Na busca de uma forma para contar sobre esses prêmios e honrarias que João recebeu, encontrei a palavra Diamante designando a importância de muitos prêmios. Muitos prêmios têm a categoria Selo Diamante para dar uma importância maior à personalidade premiada. Diamante é selo de qualidade. Inclusive, o Chef João Diamante. Seu nome também tem se destacado nesse lugar, como embaixador de diversos prêmios gastronômicos.

Em 2019, ele se tornou embaixador de um dos prêmios mais importantes para os profissionais negros do Brasil – o prêmio Sim à Igualdade Racial. Esse prêmio é fruto do trabalho do Instituto Identidades do Brasil (IDBR), instituto que desenvolve ações com foco na luta antirracista. O prêmio reconhece pessoas, instituições e empresas que contribuem para acelerar a igualdade racial no Brasil.

Outro prêmio muito importante para dois pilares fundamentais para João Diamante – Representatividade e Gastronomia – é o Gastronomia Preta. Esse prêmio foi criado por Breno Cruz, conhecido como Preto Gourmet nas redes sociais, para conceder reconhecimento a profissionais negros de toda a cadeia produtiva na Gastronomia. Sua primeira edição foi realizada em 2022, e João Diamante também se tornou embaixador desse prêmio.

Seja como for, o nome João Diamante é uma marca premiada, por receber e oferecer prêmios em seu nome.

CAPÍTULO 13

Diamante reverbera sua voz

Quando o Chef João Diamante me disse que, ao final das inúmeras palestras motivacionais, e também empresariais, que ele dá contando a sua história de vida para profissionais de áreas diversas pelo Brasil afora, é raro que alguém voluntariamente lhe pergunte se ele queria ter essa história para contar, eu fiquei me perguntando o que me fez querer contar a história dele em um livro.

Que histórias queremos contar? Que histórias queremos ler?

Historicamente a população negra tem sua história contada por outros. É recente o aumento do número de narrativas negras escritas por pessoas negras. Não é que não exista. Existe há muitos anos e isso vem sendo resgatado por nós, em todas as áreas do conhecimento, para que a população brasileira, especialmente a população negra brasileira, acesse essas histórias de forma adequada para garantir o protagonismo que nos foi retirado.

Atualmente, nossas possibilidades de registro de histórias são inúmeras e estão mais acessíveis à população negra, especialmente aos mais jovens, pela facilidade de uso dessas novas ferramentas.

Uma dessas iniciativas de compartilhamento de histórias ganhou grande repercussão no Brasil com um vídeo da autora Chimamanda Ngozi Adichie. O TED Talk da autora, em 2009, trazia como mote central do seu discurso o perigo de uma única história. TED Talks é uma série de conferências sem fins lucrativos realizadas na Europa, na Ásia e nas Américas com o objetivo de disseminar ideias, em que o convidado tem 18 minutos para desenvolver sua narrativa.

Desde então, acompanhamos uma série de histórias de personalidades negras brasileiras compartilhando suas ideias numa versão independente do TED Talks, o TEDx Brasil. João Diamante está entre as personalidades negras que já participaram do TEDx Brasil.

O convite dele veio da TEDx Blumenau.

Em setembro de 2021, depois de muito ensaio para chegar ao tempo estimado de apresentação e formato exigidos para esse compartilhamento de sua vivência pessoal e profissional, o Chef João Diamante realizou a sua apresentação. Apesar do título "Da pobreza à fama: chef ensina sua fórmula do sucesso", o que João entregou no seu TEDx Talks foi a sua verdade.

> "Eu não planejei estar aqui. Eu nunca imaginei tudo isso que está acontecendo na minha vida nesse momento", disse João no início da sua apresentação.[42]

João foi extremamente cuidadoso na sua fala. Ele teve a responsabilidade de contar a sua história de um jeito afetuoso, especialmente com o seu lugar de origem. Colocando-se no lugar de milhões de brasileiros que se esforçam diariamente para conquistar o lugar que desejam no âmbito profissional, João afirmou que, se planejamento e esforço fossem suficientes para garantir sucesso, mais brasileiros viveriam com dignidade. Assim, ele desconstruiu o discurso da meritocracia falando de uma forma simples e direta para o seu público.

Essa permanente consciência do Chef João Diamante como um empreendedor social desmistifica e humaniza a sua história. E, por isso mesmo, aproxima e facilita a escuta do seu discurso.

> "E a única fórmula mágica que existe para isso acontecer é a educação. E a educação, atrelada às oportunidades, liberta", afirmou João Diamante.

Assim, ele sintetizou que a diferença está no ponto de partida. Por isso, João Diamante fez questão de dividir a sua história como um exemplo, mas

---

[42] Fonte: TEDx Talks https://www.youtube.com/watch?v=R64oQvFTnfs. Acesso em: 15 ago. 2023.

não como um modelo. João vem fomentando e vislumbrando outros futuros possíveis para os seus pares.

É comum usarmos o verbo ecoar como sinônimo de alcance. O verbo ecoar, assim como o verbo reverberar, tem seu significado ligado a um fenômeno sonoro ocasionado pela reflexão do som. Reverberar se estende um pouco, porque também se refere à reflexão da luz e do calor. E, como o protagonista aqui é um diamante, eu alterei o título do capítulo para esse verbo menos popular.

Outra motivação para a mudança desse título foi descobrir que a reverberação tem um som mais prolongado. Dura mais tempo.

João Diamante, desde que voltou da sua experiência de estágio na França, com o Chef Alain Ducasse, vem reverberando sua voz e sua luz em outros, porque escolheu compartilhar sua história para mudar o futuro do maior número possível de pessoas utilizando as mesmas ferramentas que mudaram a vida dele: educação e oportunidade. A história do seu projeto social Diamantes na Cozinha já foi contada em outro capítulo. O Chef João Diamante, no início de sua carreira, abriu mão de uma oportunidade individual pela coletividade.

Mas a sua voz também reverbera em lugares mais privados: na comunidade onde foi criado, entre amigos e amigas, na família materna, na família paterna e na família que está formando com a companheira, Stephanie Parreira. Seus pares mais próximos também estão atentos acompanhando essa voz do João Diamante.

João, que é cria do Complexo do Andaraí, também coleciona um time de crias do Diamante. Um time que já tem até uma camiseta com a hashtag #teamJD. Mas sua principal cria tem nome e carrega seu sobrenome. É a Thawanny Eloísa, filha do João Diamante.

> "Eu não sei o que meu pai tinha na cabeça quando ele decidiu colocar meu nome: Thawanny. O pior não é nem o nome, e sim a forma como se escreve", disse Thawanny Eloísa agradecendo a mãe ter acrescentado Eloísa para compor o nome dela.

Lola, como é carinhosamente chamada pelo pai, contou que o pai sempre trabalhou muito, e que eram poucos os momentos que eles tinham para estar juntos, mas que carrega lembranças que ela afirmou que jamais vai esquecer, como a Festa do Dia das Crianças, a caça aos ovos de Páscoa e tortas na cara.

O ritmo de trabalho do Chef João Diamante não diminuiu nos últimos anos, pelo contrário. Contudo, ele revelou que a consciência da sua responsabilidade social, profissional e familiar vem modificando sua maneira de cuidar de si mesmo para que tenha capacidade física e mental para cuidar do outro. Dos outros.

Essa mudança impactou todas as suas relações, especialmente com a filha. Lola percebeu a diferença. Ela revelou que, ultimamente, em finais de semana, em feriados prolongados e nas férias, está sempre com o pai. Eles costumam passear bastante e fazer viagens em família. Mas ela disse que o que mais gosta de fazer com o pai. Vocês não imaginam?

"Comer (inclusive as comidas que meu pai faz). Sempre gostei de comer", respondeu ela por mensagem colocando um emoji de envergonhado ao lado.

A educação e a oportunidade que João faz questão de afirmar e reafirmar como o que acredita que são as portas de entrada para a formação de todo cidadão são o que ele pratica com a filha.

Eloísa ainda não definiu sua carreira. Mas, em 2022, ela cozinhou com o pai uma receita para homenageá-lo no Dia dos Pais. Foi uma gravação a convite da Le Creuset Brasil, em que João Diamante e Eloísa se divertiram bastante fazendo um prato que os dois adoram: lasanha.

Como o Chef João Diamante diz, o mais importante não é garantir que todas as pessoas que participam do seu projeto Diamantes na Cozinha irão se tornar profissionais na área da Gastronomia: o que vale é a experiência do processo de formação que cada um vivencia durante o tempo que está imerso lá. Por isso, o projeto Diamantes na Cozinha mostra aos seus participantes desde a origem do alimento até o prato servido à mesa do cliente.

Da mesma forma, como pai, como filho, como companheiro, como parente, como amigo, João Diamante vem proporcionando experiências a quem convive com ele, através das oportunidades que ele acessa em função do espaço que ocupa no mercado onde atua, para que eles tenham um leque maior de opções.

O eco que a história de João Diamante faz não se resume a ele. Tampouco se encerra nele. Ela vai e volta. Vibra a sua energia onde bate.

Onde o som encontra barreira, ele reflete e reverbera.

Onde João Diamante encontra barreiras, ele ultrapassa e reverbera.

"Hoje eu tenho outro olhar para o mundo e quem está nele. Dentro do projeto criei muitos vínculos de amizade e profissional. Depois de formado retornei ao projeto como voluntário com o objetivo de passar para o próximo tudo o que me foi passado."

Vinicius Nakaratti
(Turma 2/2018)

CAPÍTULO 14

Diamante sem fim

Foram muitas histórias até chegar aqui, e certamente, quando cada um dos leitores estiver terminando a leitura, novas histórias estarão prontas para contar. João Diamante não para. E, mais que isso, ele não anda só. Leva com ele a história de muita gente importante que passa pela sua vida, e também se deixa levar na história da vida de muitas pessoas. Então, já deixo aqui minhas desculpas a você que faz parte da história de vida do João Diamante e não viu seu nome escrito aqui por extenso ou não teve alguma história vivida com o chef contada nesse livro. Também deixo um convite para você deixar isso de lado e se reconhecer nas entrelinhas de tudo que foi contado aqui.

Quando contamos uma história em construção viva, é preciso, em algum momento, colocar um ponto-final, mesmo que temporariamente, para que o livro seja publicado.

O ponto-final é apenas um símbolo, uma marca do fim, ou da pausa.

As histórias não se encerram nem nelas mesmas. Pausam, respiram e seguem com quem as leu ou ouviu. Ganham um novo percurso quando são compartilhadas. Compartilhar é um verbo presente na vida do João Augusto, filho da Dona Elildes, do Gutinho, dos amigos de infância, do João Diamante, de todos nós.

Então, nada melhor que terminar o livro do querido Chef João Diamante abrindo um novo capítulo. Dessa vez, um capítulo sem história escrita por mim. Um capítulo que, eu espero, ou melhor, tenho certeza, vai fazer você contar história.

Este capítulo vai entregar o que prometemos a você desde o início do livro, ainda no Prefácio, e logo em seguida afirmamos, nos primeiros capítulos, que não seria possível: a Receita de Diamante. De fato, com a palavra receita no singular, Receita de Diamante, realmente não é possível. Essa é exclusiva, pedra preciosa e única da Dona Elildes. Mas, com a palavra receita no plural, tudo muda.

Por isso, o capítulo seguinte foi intitulado Receitas do Diamante.

O capítulo Receitas do Diamante é um pequeno caderno com receitas elaboradas pelo Chef João Diamante para você reproduzir na sua casa, na casa de um amigo, em família, sozinho, para uma festa, para impressionar alguém... enfim, do seu jeito, para quem você quer bem.

CAPÍTULO 15

Receitas do Diamante

Este capítulo contém mais 11 receitas elaboradas pelo Chef João Diamante especialmente para você. Você pode ler, apreciar as imagens e assistir aos vídeos do chef preparando cada uma delas. Basta apontar seu celular para o QR Code que está ao final de cada uma delas.

Aproveite o seu caderno de Receitas do Diamante!

Aqui você também encontrará cinco receitas simples de acompanhamentos que compõem alguns dos pratos elaborados pelo Chef João Diamante.

Eu e o Chef João Diamante queremos muito saber o que as receitas deste capítulo do livro, e as receitas compartilhadas nos capítulos anteriores, vão proporcionar de encontros, momentos, prazer e alegrias. Então, se desejar, compartilhe conosco o resultado da sua preparação e nos marque em suas redes sociais.

1
Bife de alcatra à parmegiana com purê rústico de batata

Ingredientes:

BIFE DE ALCATRA À PARMEGIANA

2 bifes de alcatra

3 ovos

200g de farinha de pão velho

200g de farinha de trigo

200g de muçarela

250g de tomate pelado com o molho

100g de cebola picada

20g de alho picado

Tomilho fresco

Manjericão fresco

Cebolinha

Sal e pimenta-do-reino a gosto

PURÊ RÚSTICO DE BATATA

2 batatas médias

80g de manteiga

60g de creme de leite

Raspas de noz-moscada

Sal a gosto

Modo de preparo:

BIFE À PARMEGIANA

1. Tempere os bifes com sal e pimenta-do-reino a gosto. Em um bowl, coloque os ovos, bata um pouco e adicione sal e pimenta-do-reino. Passe os bifes na farinha de trigo, no ovo e na farinha de pão velho. Aqueça bem o óleo em uma panela e frite os bifes. Reserve. Escorra em uma peneira para manter a crocância do seu empanado.

2. Em uma panela aquecida, coloque um fio de azeite, o alho e a cebola. Em seguida, adicione os tomates pelados com o molho. Mexa um pouco e adicione o tomilho, o manjericão e a cebolinha a gosto. Deixe ferver uns 5 minutos e finalize com sal e pimenta-do-reino do gosto.

3. Preaqueça o forno em fogo médio por 10 minutos.

4. Em um refratário, coloque o molho, os bifes, finalize com queijo muçarela e leve ao forno até gratinar.

PURÊ

Corte as batatas em cubos médios e coloque em uma panela com a água e sal a gosto para cozinhar por uns 15 minutos ou até que estejam bem cozidas. Retire parte da água e deixe um pouco no fundo da panela. Com um amassador, amasse bem as batatas dentro da própria panela. Leve a panela ao fogo novamente e adicione o creme de leite, a manteiga e finalize com raspas de noz-moscada.

Em um prato, coloque o bife à parmegiana e uma porção do purê. Sirva!

RENDIMENTO: 2 porções.

2
Empadão de frango cremoso

Ingredientes:

MASSA

400g de farinha de trigo

200g de manteiga ou margarina

30g de água gelada

1 ovo

1 gema

RECHEIO

500g de peito de frango desfiado

100g de tomate pelado com o molho

10g de alho picado

40g de cebola picada

100g de creme de leite

250g de requeijão

Azeite

Cheiro-verde a gosto

Sal e pimenta-do-reino a gosto

Modo de preparo:

MASSA

Em um bowl, coloque a farinha de trigo, a manteiga, o ovo e a água. Mexa até que os outros ingredientes estejam incorporados à farinha de trigo, deixando a massa ficar mais quebradiça. Em seguida, enrole essa massa no plástico-filme e deixe descansar por uns 20 minutos na geladeira.

RECHEIO

Aqueça bem uma panela, coloque um fio de azeite e o alho até dourar. Adicione o frango e a cebola. Refogue e, em seguida, acrescente o tomate pelado, o sal e a pimenta-do-reino. Mexa até o tomate desmanchar e coloque o cheiro-verde. Desligue o fogo e adicione o creme de leite. Coloque em um bowl e leve para a geladeira para resfriar.

O recheio deve estar frio para a montagem do empadão.

Dica do chef para o frango desfiado:

Tempere o peito de frango com sal e pimenta-do-reino. Reserve. Aqueça bem uma panela de pressão, coloque um fio de azeite, o peito de frango e uma folha de louro. Mexa até ficar dourado. Em seguida, adicione água até cobrir o frango e coloque na pressão em fogo alto por uns 20 minutos ou até a água secar.

Deixe a pressão sair completamente.

Agora é só sacudir a panela até o seu frango desfiar.

Montagem do empadão:

Abra a massa com um rolo. Forre o fundo e os lados de uma forma ou um refratário. A espessura da massa deve ser de acordo com o seu gosto. Acrescente o frango com creme de leite e por cima passe uma camada de requeijão.

Coloque outra camada de massa para fechar o seu empadão. Atenção! Feche bem para que não vaze o recheio enquanto cozinha.

Para finalizar, pincele com gema e leve ao forno preaquecido em fogo médio por 40 minutos.

* Espere o empadão esfriar para desenformar ou cortar para evitar que quebre.

RENDIMENTO: 6 porções.

3
Feijão-tropeiro

Ingredientes:

200g de feijão-carioquinha cozido e escorrido

100g de farinha de mandioca crua

100g de bacon cortado em cubos

200g de linguiça calabresa cortada em cubos

100g de cebola cortada em cubos

50g de alho picado

50g de manteiga

6 folhas de couve

3 ovos

1 pimenta dedo-de-moça sem sementes

Cheiro-verde a gosto

Sal a gosto

Modo de preparo:

1. Em uma panela bem aquecida, frite o bacon e a linguiça calabresa até dourar. Adicione o alho, a cebola e a pimenta dedo-de-moça e refogue.

2. Em seguida, adicione o feijão já cozido e refogue.

3. Coloque a manteiga e acrescente a farinha de mandioca aos poucos. Adicione a couve e misture tudo. Ajuste o sal e desligue o fogo.

4. Em outra panela com um pouco de manteiga, frite os ovos sem deixar a gema ficar dura e coloque em cima do feijão-tropeiro.

Finalize com o cheiro-verde e sirva.

RENDIMENTO: 4 porções.

4
Fígado à milanesa com salada de batata, ervas e iogurte

Ingredientes:

FÍGADO À MILANESA

4 bifes de fígado

10g de alho

3 ovos

200g de farinha de pão velho

200g de farinha de trigo

Sal e pimenta-do-reino a gosto

Óleo para fritar

SALADA DE BATATA, ERVAS E IOGURTE

2 batatas médias cortadas em cubos

130g de iogurte grego natural

60g de creme de leite

Limão-siciliano (raspas e um pouco do suco)

Tomilho fresco

Alho-poró

Azeite

Sal e pimenta-do-reino a gosto

Modo de preparo:

FÍGADO À MILANESA

1. Tempere os bifes de fígado com alho, sal e pimenta-do-reino a gosto.

2. Em um bowl, coloque os ovos, bata um pouco e adicione sal e pimenta-do-reino. Passe os bifes na farinha de trigo, no ovo e na farinha de pão velho. Reserve.

3. Aqueça bem o óleo em uma panela e frite os bifes.

4. Escorra em uma peneira para manter a crocância do seu empanado.

SALADA DE BATATA, ERVAS E IOGURTE

1. Corte as batatas em cubos médios e leve para cozinhar em uma panela com água e sal a gosto até que estejam *al dente*. Em seguida, retire da panela e reserve em um bowl na geladeira.

2. Corte o alho-poró em rodelas e em uma panela aquecida adicione um fio de azeite e refogue.

3. No bowl que está a batata, coloque o iogurte, o creme de leite, o tomilho, as raspas e um pouco do suco do limão-siciliano e finalize com o alho-poró. Mexa bem! Adicione sal e pimenta-do-reino a gosto.

4. Sua salada está pronta.

Em um prato, coloque o bife de fígado e uma porção da salada. Se desejar, decore com brotos de feijão.

RENDIMENTO: 4 porções.

5
Frango com arroz e pequi

Ingredientes:

500g de drumetes

100g de pequi

50g de cebola média picada

20g de alho picado

50g de pimentão vermelho picado

50g de pimentão amarelo picado

200g de tomate pelado com molho

100 g milho em conserva

400ml caldo de legumes

1 pimenta dedo-de-moça sem semente

10g de açafrão da terra (cúrcuma)

5g de cominho em pó

1 xícara de arroz parboilizado

Azeite

Cheiro-verde a gosto

Sal e pimenta-do-reino a gosto

Modo de preparo:

1. Tempere os drumetes com sal e pimenta-do-reino a gosto e reserve.

2. Esquente bem a panela de pressão e adicione um fio de azeite e coloque os drumetes na panela até dourar.

3. Em seguida, adicione alho, cebola, pimentão vermelho, pimentão amarelo e pimenta dedo-de-moça e mexa até formar um fundo de panela.

4. Assim que formar o fundo de panela, acrescente o tomate pelado com o molho e uma parte do pequi. Continue misturando o refogado.

5. Acrescente uma parte do caldo de legumes e coloque na pressão para cozinhar por mais ou menos 15 minutos.

6. Em uma outra panela, adicione este refogado e acrescente cúrcuma, cominho, milho, arroz, a outra parte do caldo de legumes e do pequi.

7. Deixe cozinhar por mais 10 minutos e desligue o fogo.

8. Não deixe o caldo secar todo. Se necessário, acrescente um pouco de água, pois o frango com arroz e pequi deve ser bem úmido.

Ajuste o sal e finalize com o cheiro-verde.

RENDIMENTO: 4 porções.

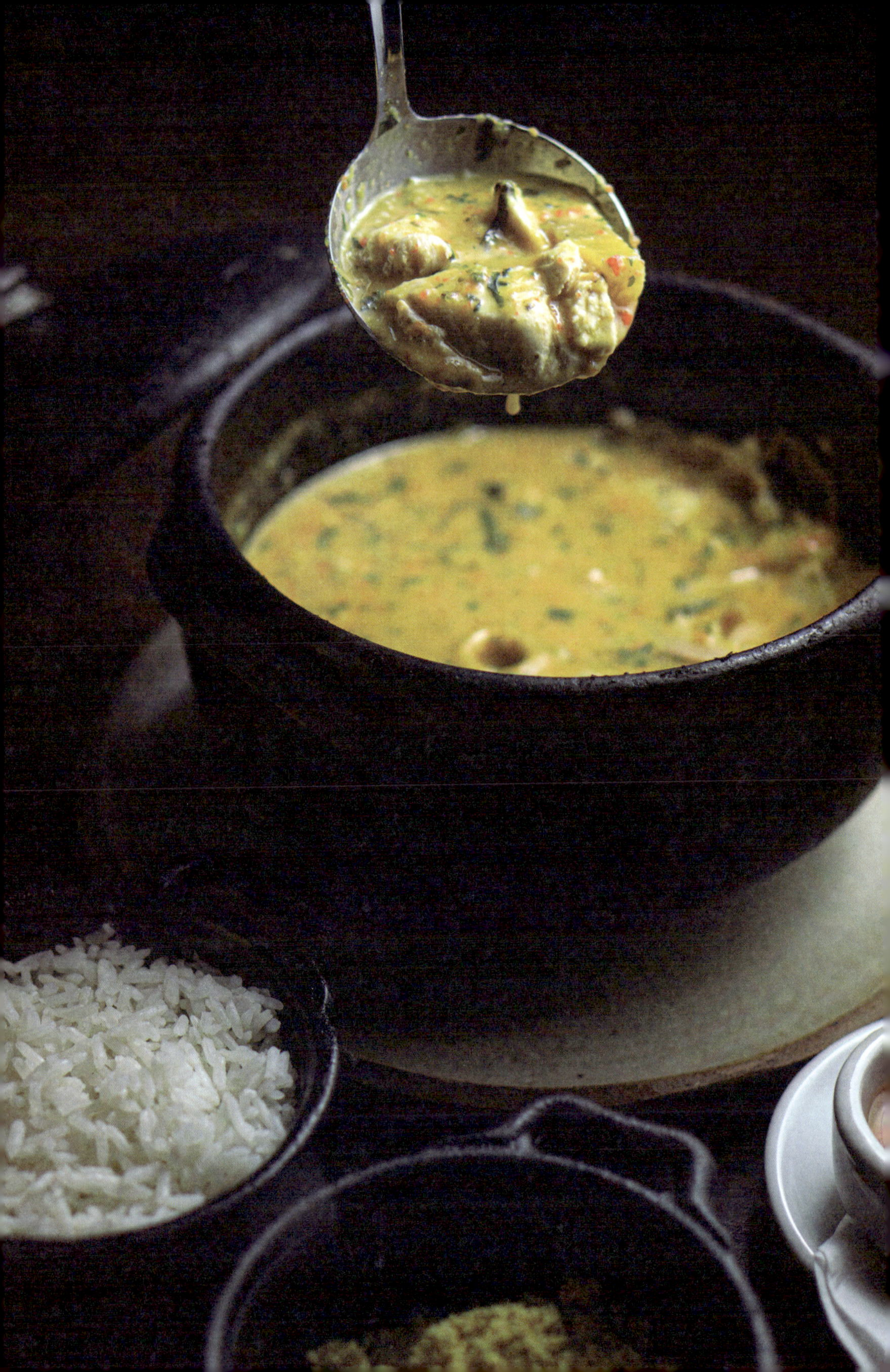

6
Moqueca de peixe com banana-da-terra e lascas de coco

Ingredientes:

CALDO DE PEIXE

1kg de cabeça de peixe

200g de cebola

20g de alho

100g de mirepoix, que é combinação de cenoura, aipo ou salsão e cebola cortados em cubinhos e refogados com manteiga ou azeite de oliva

100g de talos de salsa

30g de tomilho

5l de água

CALDO DE MOQUECA

5,2l de caldo de peixe

600g de cebola

50g de gengibre

620g de aparas de pimentões

50g de talos de coentro

870g de tomate débora

1 quilo de tomate pelati

60g de pimenta dedo-de-moça

100ml de óleo

BANANA-DA-TERRA COZIDA

1kg de banana-da-terra

4l de água

MOQUECA DE PEIXE COM BANANA-DA-TERRA

4 postas grandes de dourado

40g de cebola picada

10g de alho

40g de pimentão vermelho

40g de pimentão amarelo

200ml de caldo de peixe

100ml de leite de coco

10g de sal

2g de pimenta-do-reino branca moída

100g de coco em lascas seco

20g de coentro picado

30g de óleo de dendê

50g de suco de limão-taiti

30g de tomate débora

60g de banana-da-terra

150g de base da moqueca

RECEITA DE DIAMANTE

Modo de preparo:

CALDO DE PEIXE

1. Em uma panela, coloque a cabeça do peixe, o mirepoix, o alho, talos de salsa e o tomilho.

2. Acrescente a água e cozinhe em fogo médio para baixo por 40 minutos.

3. Desligue o fogo, espere esfriar um pouco, coe o caldo com cuidado e armazene em sacos a vácuo.

CALDO DE MOQUECA

1. Corte a cebola, o pimentão, o alho e o tomate em mirepoix, em cubos bem pequenos.

2. Descasque e corte o gengibre. Depois, retire as sementes da pimenta e pique-a bem.

3. Em uma panela aquecida com óleo, refogue os vegetais, adicione o tomate e o gengibre e refogue um pouco mais.

4. Adicione o caldo de peixe e cozinhe até ferver.

5. Bata tudo no liquidificador, coe e reserve.

Finalize com mais coco laminado e folhas de coentro picado.
RENDIMENTO: 4 porções.

BANANA-DA-TERRA COZIDA

1. Corte a banana no formato visu, tirando o pedúnculo.

2. Coloque para ferver na água durante 8 minutos.

MOQUECA DE PEIXE COM BANANA-DA-TERRA

1. Depois de descongelar a posta de dourado, tempere-a com sal, pimenta-do-reino branca moída e o caldo do limão.

2. Retire a casca da cebola e as sementes do pimentão. Corte em rodelas finas.

3. Na panela de pedra sabão coloque o caldo do peixe e a base da moqueca até ferver. Acrescente o pimentão, a cebola, o tomate e o leite de coco e deixe cozinhar.

4. Adicione o peixe temperado e o coco em lascas seco.

5. Adicione o óleo de dendê para finalizar.

6. Cozinhe o peixe e coloque a banana cozida sem casca.

7
Mousse de biscoito recheado

Ingredientes:

300ml de creme de leite fresco
50g de recheio do biscoito
50g de biscoito sem recheio
20g de creme de leite
10g de açúcar refinado
Gotas de essência de baunilha

Modo de preparo:

1. Em um recipiente próprio para ir ao micro-ondas, coloque o recheio do biscoito com creme de leite e derreta por aproximadamente um minuto sem deixar ferver.

2. Em um bowl, adicione o creme de leite fresco, o recheio já derretido, o açúcar e a essência de baunilha. Bata com fouet ou batedeira até ficar cremoso.

3. Nesse creme, acrescente pedaços dos biscoitos sem recheio, coloque em um recipiente e leve à geladeira por 20 minutos.

4. Retire, decore com biscoitos e sirva.

Dica do chef:

Não bata muito para não perder o ponto.

RENDIMENTO: 2 porções.

8
Nhoque de batata-baroa com ragu de linguiça

Ingredientes:

NHOQUE DE BATATA-BAROA

400g de batata-baroa cozida e amassada

1 gema

100g de farinha de trigo

50g de queijo parmesão ralado

Sal a gosto

RAGU DE LINGUIÇA

150g de linguiça toscana

50g de linguiça calabresa

50ml de água

30g cenoura

30g de pimentão vermelho

30g de pimentão amarelo

30g de tomate italiano

50g de cebola

10g de alho

260g de tomate pelado com o molho

10g de aipo

1 pimenta dedo-de-moça sem sementes

Tomilho fresco

Erva-doce

Azeite

Cheiro-verde a gosto

Sal a gosto

Modo de preparo:

NHOQUE DE BATATA-BAROA

1. Corte as batatas em cubos médios e leve para cozinhar na água com sal por uns 10 minutos ou até estarem cozidas.

2. Escorra as batatas e amasse.

3. Reserve em um recipiente para esfriar.

4. Após esfriar, nesse mesmo recipiente ou em uma bancada, misture aos poucos o restante dos ingredientes.

5. Em uma bancada polvilhada com farinha, faça rolinhos, corte e molde seus nhoques de acordo com sua preferência.

6. Em uma panela com água fervente, coloque aos poucos seus nhoques e retire assim que boiarem.

7. Escorra e transfira para um bowl com água gelada para parar o cozimento.

8. Após esse processo, escorra novamente, reserve em um bowl e regue com azeite para que eles não grudem.

RAGU DE LINGUIÇA

1. Retire a linguiça toscana da capa e reserve.

2. Corte o alho e a pimenta dedo-de-moça bem picados.

3. Corte a linguiça calabresa, o aipo, a cebola, a cenoura, o pimentão vermelho, o amarelo e o tomate em cubos bem pequenos.

4. Aqueça bem uma panela com um fio de azeite e coloque o alho até dourar.

5. Acrescente as linguiças toscana e calabresa. Mexa bem.

[CONTINUA]

6. Adicione a cebola, a cenoura, o pimentão amarelo e o vermelho, o tomate, a pimenta dedo-de-moça e o aipo. Mexa até formar um fundo de panela.

7. Em seguida, acrescente o tomate pelado com o molho e a água. Mexa novamente e acrescente a erva-doce e o tomilho.

8. Ajuste o sal.

9. Tampe a panela e deixe ferver em fogo baixo por 10 minutos para apurar o sabor.

10. Desligue o fogo e finalize com cheiro-verde a gosto.

Preparo do prato:

Em uma frigideira bem quente, adicione manteiga e sele os nhoques aos poucos até que fiquem dourados e formando uma crosta.

Finalize com ragu de linguiça e queijo parmesão a gosto.

RENDIMENTO: 4 porções.

9
Ravióli com cogumelos e molho de manteiga de sálvia

Ingredientes:

RAVIÓLI

200g farinha de trigo

2 ovos

15ml de água

Sal a gosto

* Usar a água caso precise hidratar a massa e para fechar as bordas do ravióli.

RECHEIO

120g de shitake

120g de shimeji

30g de manteiga

Cheiro-verde a gosto

Sal e pimenta a gosto

MOLHO DE MANTEIGA DE SÁLVIA

50g de manteiga

Sálvia

Sal a gosto

RECEITA DE DIAMANTE

Modo de preparo:

RAVIÓLI

1. Em uma bancada, coloque a farinha e, no meio, os ovos e o sal.

2. Comece a mexer até a massa ficar lisa. Envolva a massa com papel-filme e leve à geladeira para descansar por 30 minutos.

Dica do chef:

Se necessário, acrescente um pouco de água para hidratar a massa.

RECHEIO

1. Limpe os cogumelos.

2. Desfie o shitake e corte o shimeji em lâminas finas.

3. Em uma panela aquecida, coloque a manteiga e os cogumelos.

4. Adicione sal e pimenta a gosto e mexa até os cogumelos reduzirem.

5. Desligue o fogo e finalize com o cheiro-verde.

PREPARO DOS RAVIÓLIS:

1. Retire a massa da geladeira e, em uma bancada polvilhada com farinha, divida em duas partes.

2. Abra a massa bem fininha utilizando um cilindro.

3. Observe que a massa tem que ser fácil de manusear para não rasgar.

4. Abra as duas partes da massa formando duas mantas.

[CONTINUA]

5. Na primeira massa, coloque uma colher de sopa do recheio de cogumelos em vários pontos da massa, passe água nas bordas e coloque a outra parte da massa por cima, cobrindo o recheio.

6. Com um cortador, corte os raviólis e polvilhe farinha. Reserve.

7. Cozinhe em água fervente com sal até ficarem ao ponto.

8. Escorra e coloque em um bowl, regando com azeite para a massa não grudar.

MOLHO DE MANTEIGA E SÁLVIA

1. Em uma frigideira aquecida, coloque a manteiga e as folhas de sálvia, deixando apurar um pouco o sabor.

2. Em seguida, acrescente os raviólis. Pronto!

3. Agora é só servir.

RENDIMENTO: 4 porções.

10
Tempura de sardinha com maionese temperada

Ingredientes:

TEMPURA DE SARDINHA

6 sardinhas limpas sem escamas e espinhas

1 limão-taiti

100g de farinha de trigo

Sal e pimenta-do-reino a gosto

Óleo para fritar

MASSA DO TEMPURA

200ml de água gelada com gás

100g de farinha de trigo

5g de fermento em pó

MAIONESE TEMPERADA

400ml de óleo

10ml de shoyu

10g de cebola-roxa

10g de pimentão vermelho

10g de pimentão amarelo

10g de mostarda Dijon

10ml de shoyu

1 ovo

½ limão-taiti

Modo de preparo:

TEMPURA DE SARDINHA

1. Tempere os filés de sardinha com sal, pimenta e limão e reserve.

2. Misture todos os ingredientes da massa e tempere com sal a gosto. A consistência deve ficar com textura de um creme.

3. Leve ao fogo uma panela com óleo e, assim que estiver bem quente, passe os filés na farinha de trigo. Em seguida, mergulhe um a um na massa e frite. Seu tempura de sardinha está pronto!

Dica do chef:

Não coloque muitos filés fritando de uma só vez. Isso evita que o óleo esfrie.

Frite pequenas porções e escorra, de preferência, em uma grelha ou peneira de aço. Isso porque o papel-toalha causa um efeito "rebote" (absorvendo a gordura de forma errada e assim perdendo a crocância do seu tempura).

MAIONESE TEMPERADA

1. Em um liquidificador, coloque o ovo, o suco de meio limão e a mostarda. Bata bem.

2. Em seguida, acrescente o óleo em fio até essa base ficar cremosa.

3. Adicione o restante dos ingredientes e bata novamente.

4. Coloque em um recipiente e deixe na geladeira.

5. Sirva os tempuras de sardinha com a maionese temperada ou limão!

RENDIMENTO: 6 porções.

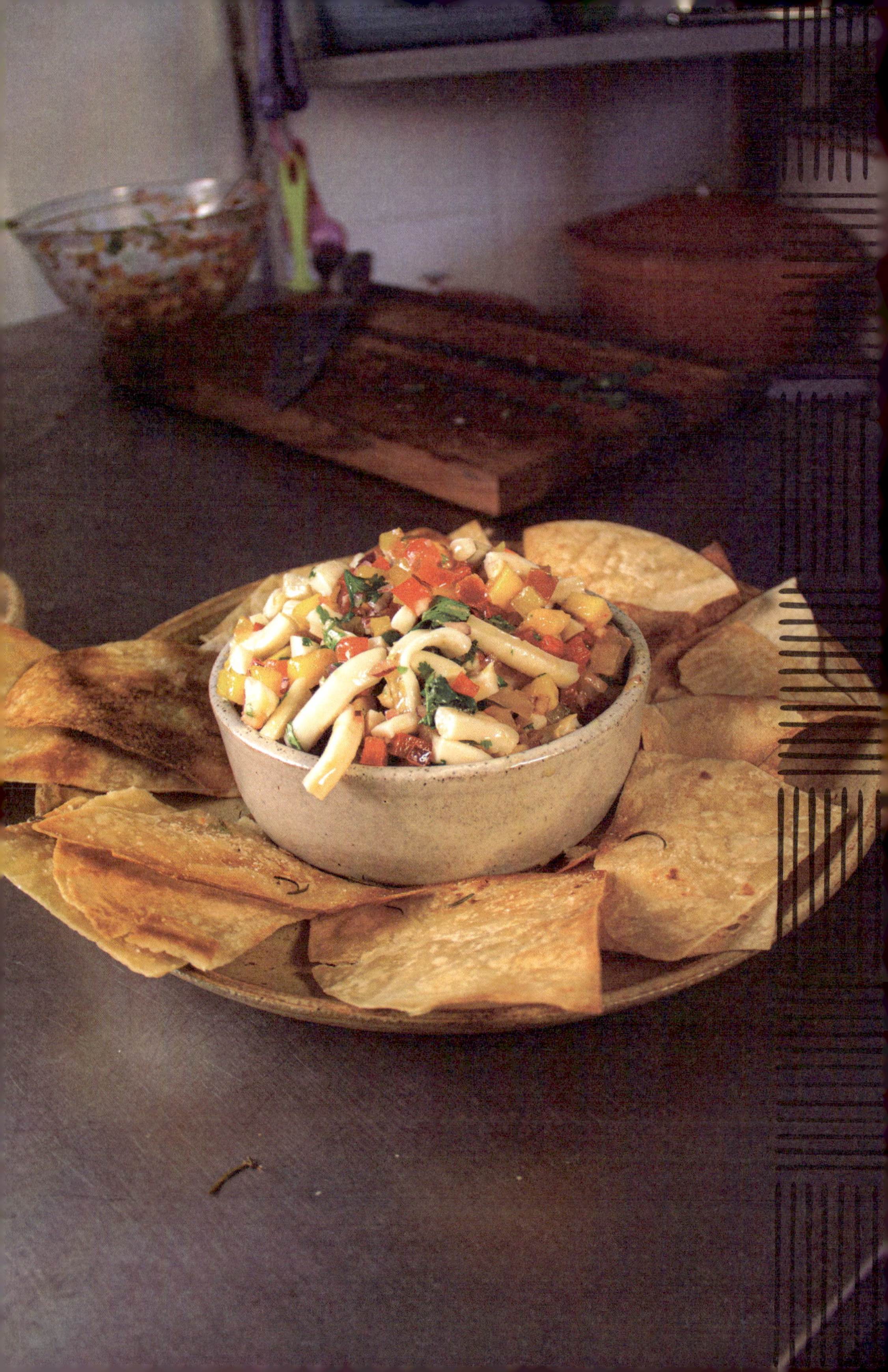

11
Vinagrete de lula e crocante temperado com ervas

Ingredientes:

VINAGRETE DE LULA

500g de lula

100g de cebola-roxa picada

100g de tomate italiano

100g de pimentão vermelho

100g de pimentão amarelo

100g de manga Palmer

½ limão-siciliano

½ limão-taiti

Azeite

Coentro a gosto

Sal e pimenta a gosto

CROCANTE TEMPERADO COM ERVAS

300g de pão sírio

Azeite

Alecrim

Modo de preparo:

VINAGRETE DE LULA

1. Corte os anéis de lula em quatro partes e reserve.

2. Corte o alho e a pimenta dedo-de-moça sem sementes bem picados.

3. Corte a cebola-roxa, a manga, o pimentão vermelho, o pimentão amarelo e o tomate em cubos pequenos. Reserve.

4. Em uma panela bem aquecida, coloque um fio de azeite e o alho para dourar.

5. Adicione a lula em pequenas quantidades, salteando até dourar. Ajuste o sal e a pimenta-do-reino a gosto.

6. Em um bowl, coloque a lula, a cebola, a manga, o pimentão vermelho, o amarelo, o tomate, o coentro, a pimenta dedo-de-moça, um pouco do suco e das raspas do limão, azeite e sal a gosto e mexa.

7. Cubra com um plástico-filme e leve para a geladeira.

Dica do chef:

Esse processo de acrescentar a lula aos poucos faz com que não forme água e ela não fique borrachuda.

CROCANTE COM AZEITE E ALECRIM

1. Corte os pães em triângulos médios, regue com azeite e acrescente o alecrim, sal e pimenta-do-reino.

2. Leve ao forno preaquecido em fogo médio por uns 10 minutos ou até que estejam bem crocantes.

Sirva o vinagrete com os crocantes.

RENDIMENTO: 6 porções.

Receitas que fazem parte de alguns pratos

1. ARROZ BRANCO

Ingredientes:

100g de arroz branco
200ml de água
20g de alho picado
20ml de azeite
1 folha de louro
Sal a gosto

Modo de preparo:

1. Lave o arroz (lavar para retirar um pouco do amido para o arroz ficar soltinho).

2. Em uma panela, aqueça o azeite e refogue o alho até dourar. Acrescente o arroz e o louro e refogue por uns 2 minutos. Coloque a água e tempere com sal a gosto. Cozinhe em fogo baixo com a tampa fechada até o líquido secar.

2. CEBOLA-ROXA EM CONSERVA

Ingredientes:

300g de cebola-roxa em tiras
250ml de água
200ml de vinagre de vinho branco
20g de açúcar
5g de sementes de coentro
5g de pimenta-do-reino em grãos
4g de sal

Modo de preparo:

1. Limpe e corte as cebolas-roxas em tiras.

2. Em uma panela, leve ao fogo a água, o vinagre, o sal, o açúcar, a pimenta-do-reino e o coentro em grãos.

3. Aqueça até derreter o açúcar e o sal e a mistura ficar homogênea.

4. Adicione a cebola e deixe ferver em fogo baixo por 1 minuto.

5. Desligue o fogo e deixe esfriar.

6. Coloque em potes de vidro herméticos higienizados.

3. FAROFA DE ALHO COM TOMILHO

Ingredientes:

250g de farinha de mandioca

25g de alho picado

10g de tomilho seco

5g de coco seco ralado

5g de castanha-de-caju picada

30ml de azeite

Sal a gosto

Modo de preparo:

1. Aqueça uma panela em fogo médio e acrescente o azeite, o alho e o tomilho.

2. Refogue até começar a dourar, adicione a farinha de mandioca e mexa por uns 5 minutos em fogo baixo. Desligue o fogo e acrescente o coco e a castanha.

3. Ajuste o sal.

4. TOMATE CONFIT

Ingredientes:

200g de tomate-cereja

50g de alho

100ml de azeite
3 folhas de louro
2 ramos de tomilho
1 ramo de alecrim

Modo de preparo:

1. Higienize os tomates. Coloque os tomates em uma forma de alumínio, distribua o alho e regue com azeite. Deixe os tomates bem molhados. Se necessário, regue um pouco mais de azeite.

2. Em seguida, coloque o louro, o alecrim e o tomilho. Os tomates deverão confitar em baixa temperatura e murchar parcialmente sem ganhar cor, por aproximadamente 40 minutos ou até murcharem. Retire-os do forno e reserve.

5. VINAGRETE DE MARACUJÁ

Ingredientes:

50g de polpa e sementes de maracujá

50ml de azeite confit

Modo de preparo:

Em um liquidificador, bata a polpa e as sementes de maracujá com o azeite do tomate confit, peneire e reserve o molho.

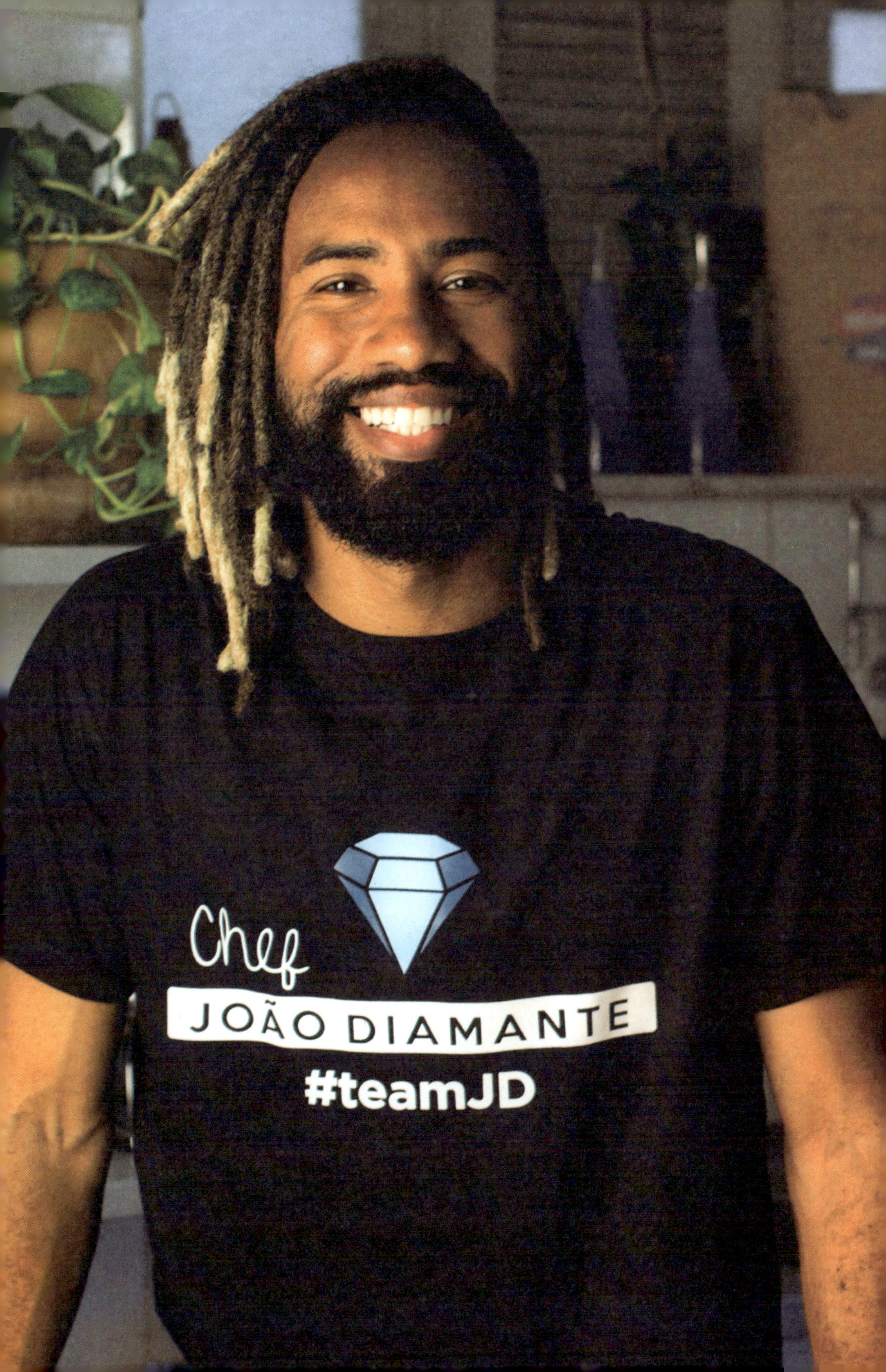
Chef
JOÃO DIAMANTE
#teamJD

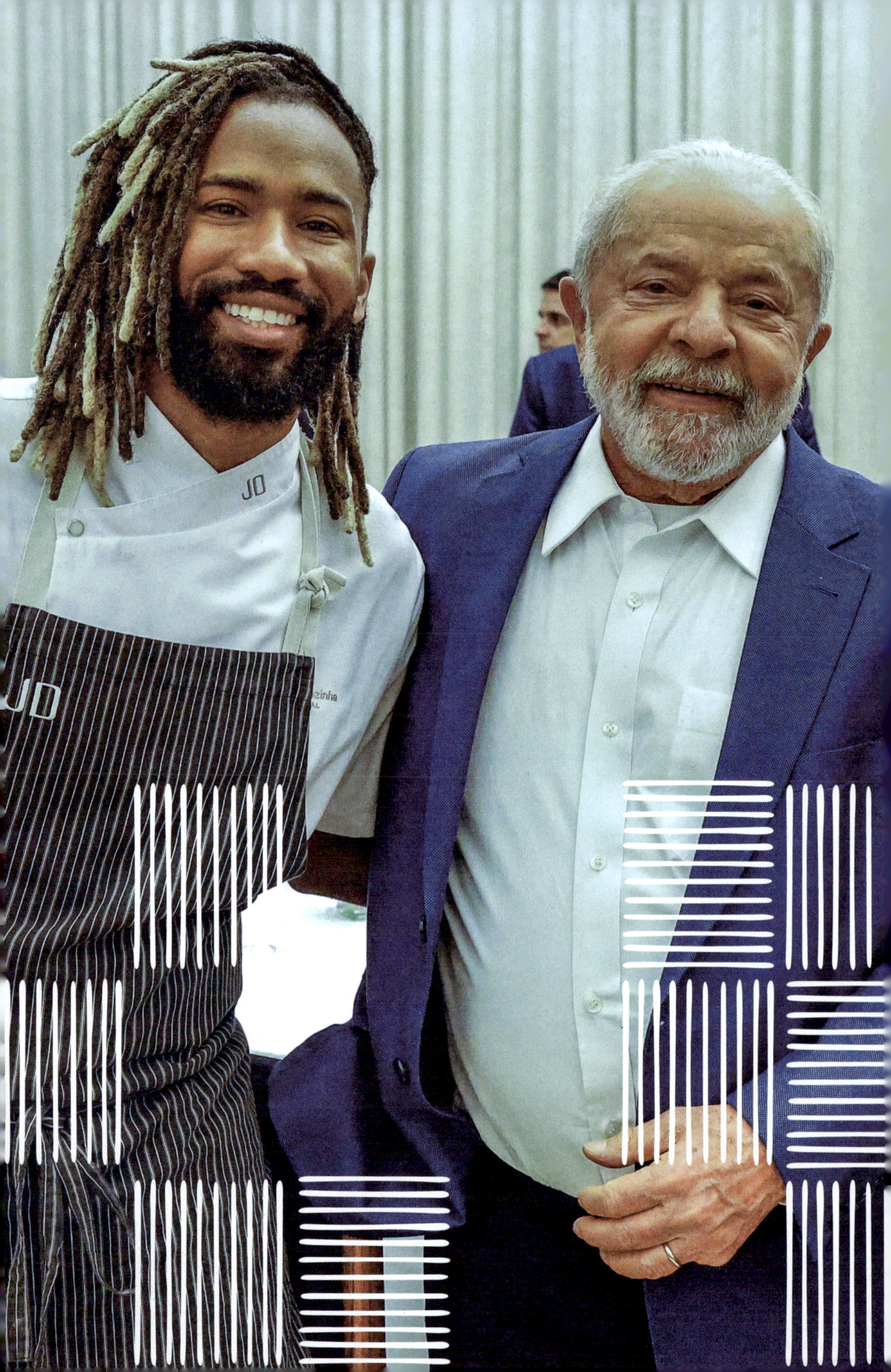
JD
JD

Memórias de Diamante

acima Padrinhos de João, José Augusto e Cristina Rodrigues, com sua irmã Tamires e os padrinhos dela, tia Lúcia e tio Denis.

ao lado João com os padrinhos no aniversário de 6 anos.

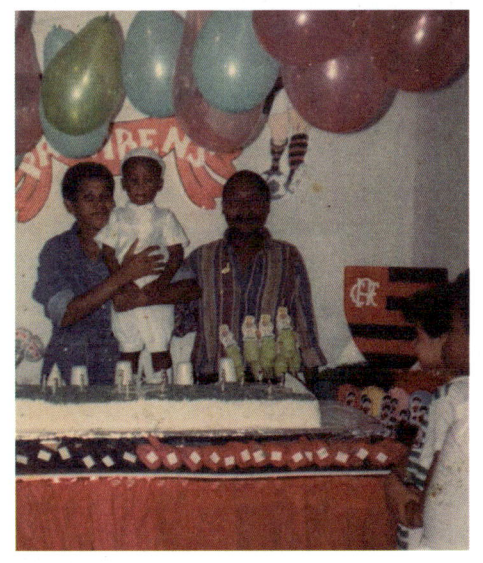

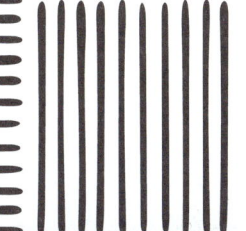

RECEITA DE DIAMANTE   175

acima Com 5 anos, na formatura do jardim de infância.

ao lado Com a tia Cris.

página 177 João, sua irmã Tamires, as primas Rayanne e Ritiele.

Sua mãe, em frente à Associação de Moradores.

176 ♦ RECEITA DE DIAMANTE

RECEITA DE DIAMANTE

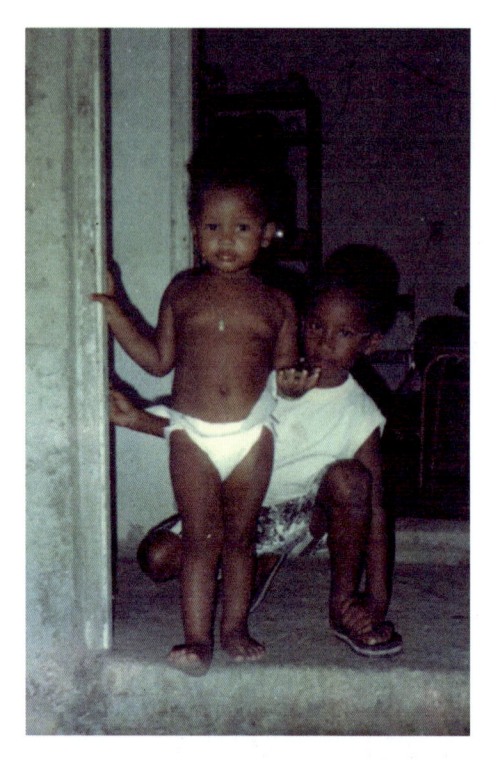

acima Com a prima Ritiele.

Com a mãe em um réveillon.

ao lado
No aniversário de 6 anos.

de cima para baixo
Formatura da Marinha.

Primeira função de João na Marinha: proeiro.

Pai e avó.

Lola e João.

João e Lola.

RECEITA DE DIAMANTE

de cima para baixo
João e sua família materna.

25 anos de João.

Festa de aniversário de 6 anos de Lola.

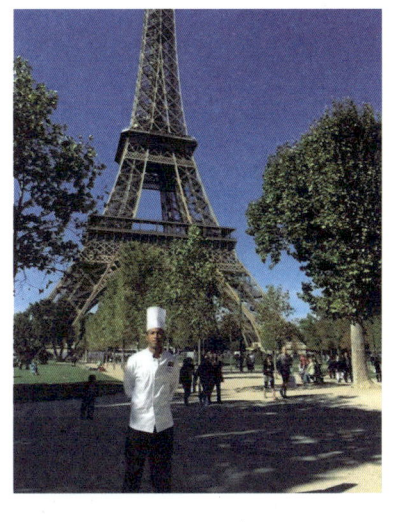

de cima para baixo
João no aeroporto rumo a Paris.

Intercâmbio na França.

Dona Mimi, na França.

RECEITA DE DIAMANTE

de cima para baixo
Primeira receita autoral
de João Diamante.

João e Chef Alain Ducasse
em evento.

Alain Ducasse no refeitório
da Gastromotiva.

Flávia Quaresma e
João Diamante.

página 183
Equipe do Diamantes
na Cozinha.

João Diamante recebe
medalha de reconhecimento
do almirante Cozzolino.

RECEITA DE DIAMANTE

RECEITA DE DIAMANTE 183

de cima para baixo
João Diamante com a mãe e a irmã, ao receber o prêmio Alumni, na Universidade Estácio de Sá.

Fazenda Culinária – homenagem ao Dia das Mães.

Aula na Casa Base.

Equipe Na Minha Casa.

de cima para baixo
Formandos Diamante na Cozinha.

Equipe Diamantes na Cozinha,
Claude Troisgros e Eduardo Almeida.

RECEITA DE DIAMANTE

186 ◆ RECEITA DE DIAMANTE

acima
João Diamante antes de gravar o programa Minha Mãe Cozinha Melhor que a Sua.

página 186
Projeto Diamante na Cozinha no GNT.

Making off do programa Garimpeiros do Sabor.

João e Stephanie nos bastidores do programa Minha Mãe Cozinha Melhor que a Sua.

de cima para baixo
Recebendo a Medalha Pedro Ernesto, em abril de 2023.

João homenageia a mãe com sua medalha.

página 189
Com a mãe, a esposa e a filha, durante a entrega da Medalha Pedro Ernesto.

João e a mãe durante a cerimônia.

RECEITA DE DIAMANTE 189

de cima para baixo
Com o presidente Lula, durante evento para autoridades da América Latina.

João, a esposa e a primeira-dama Janja.

RECEITA DE DIAMANTE

Continua

Este livro foi composto nas fontes
Chaparral Pro, Barlow e Theodore,
impresso pela OPTAGRAF em papel Offset 75g e 90g
e diagramado pela BR75 texto | design | produção.
Rio de Janeiro, setembro de 2023